近畿圏版⑤ 使いやすい! 教えやすい! 家庭学習に最適の問題集!

近畿大学附属小学校 帝塚山小学校

2020～2021年度
過去問題を
掲載

2022年度版 過去問題集

<問題集の効果的な使い方>

①お子さまの学習を始める前に、まずは保護者の方が「入試問題」の傾向や難しさを確認・把握します。その際、すべての「学習のポイント」にも目を通しましょう。
②入試に必要なさまざまな分野学習を先に行い、基礎学力を養ってください。
③学力の定着が窺えたら「過去問題」にチャレンジ!
④お子さまの得意・苦手がわかったら、さらに分野学習を進めレベルアップを図りましょう!

合格のための問題集

JN126438

近畿大学附属小学校

お話の記憶	1話5分の読み聞かせお話集 ①②
図形	Jr・ウォッチャー 9 合成
言語	Jr・ウォッチャー 17 言葉の音遊び
推理	Jr・ウォッチャー 32 ブラックボックス
口頭試問	新口頭試問・個別テスト問題集

帝塚山小学校

お話の記憶	お話の記憶問題集 中級編・上級編
常識	Jr・ウォッチャー 34 季節
数量	Jr・ウォッチャー 38 たし算・ひき算1
常識	Jr・ウォッチャー 56 マナーとルール
言語	Jr・ウォッチャー 49 しりとり

●資料提供●

くま教育センター

ISBN978-4-7761-5382-5

C6037 ¥2300E

9784776153825

定価 2,530円
(本体2,300円+税10%)

日本学習図書 ニチガク

1926037023005

目指せ！合格！

家庭学習ガイド
近畿大学附属小学校

ペーパー　行動観察　保護者面接　巧緻性

入試情報

応募者数：男女121名
出題形式：ペーパー、ノンペーパー
面　　接：保護者
出題領域：ペーパー（図形、数量、推理、常識、お話の記憶）、
生活巧緻性、行動観察

入試対策

2021年度の入試内容も、例年と比べて大きな変化は見られません。本年度入試では、本番の入試とは別に、保護者面接が9月下旬に行われました。保護者面接では、「躾で1番大切にしていることは何ですか」「お子さまの自慢できるところはどんなところですか」「お子さまがお友だちに無視をされた時にどう対応しますか」などお子さまについての質問や、「本校の行事で興味のあった行事は何ですか」「体験入学などで、お子さまはどれを気に入っていましたか」など学校に関する質問などがありました。ペーパーテストは、ひと続きのお話に沿って、図形、数量、推理、常識などの分野の問題が出題される当校独特の形式が採られています。

●ペーパーテストでは、基本的な問題から発展的な問題まで、幅広く出題されています。まずは、基礎をしっかりと固めること。解答がほかにはないかという注意力、観察力などを伸ばしてください。
●常識の問題では、日常生活における知識やマナーについての問題が例年出題されています。日常生活において体験を通して習得することをおすすめします。
●行動観察は積極的に参加していること、指示をきちんと聞き取り把握すること、待っている時の態度などが重要です。

「近畿大学附属小学校」について

〈合格のためのアドバイス〉

当校の入試対策で非常に大切になることは、お子さまが日常生活の中で学んでいることを活かせているかどうかです。当校が求めている児童像については、「生活面」のことと関連付けて説明会で述べられていることや、実際の試験の中でも、ボタンがけなどの巧緻性の課題はもちろん、ペーパーテストで生活習慣や常識などの分野が出題されることからもうなずけます。

ですから、まずは当校がどのような児童を求めているのか、説明会などに積極的に参加し、保護者の方が自ら感じ取ることが必要といえます。というのも、保護者面接で説明会や体験入学についての質問がされますので、保護者の方の入試対策にもつながるからです。

ペーパーテストは、１つひとつ問題は違いますが、それぞれの問題文に共通のストーリーがある、当校独自の形式になっています。そのため、問題をただ解答するだけでなく、出題を「聞く力」も必要とします。お子さまにはしっかりと集中して聞くことを意識するように指導しましょう。問題の難しさは例年通り、一般的な小学校受験レベルのものですが、図形、数量、推理、常識、お話の記憶など幅広い分野の出題がされているため、バランスよく学習していく必要があります。

行動観察では、前述した通り、例年、衣服の着脱（体操服）、ひも結び、箸使い、ボタンかけなどの「生活面」を観る課題が出題されますが、どんな出題がされるのかも、例年説明会で述べられるそうです。

〈2021年度選考〉

◆保護者面接（考査日前に実施）
◆ペーパーテスト
◆行動観察

◇過去の応募状況

2021年度	男女	121名
2020年度	男女	120名
2019年度	男女	150名

入試のチェックポイント

◇受験番号は…「願書提出順」
◇生まれ月の考慮…「なし」

〈本書掲載分以外の過去問題〉

◆数量：全体の数と見えている数から、隠れているものの数を考える。［2015年度］
◆系列：あるお約束事に沿って並んでいる図形をもとに、空欄をうめる。［2012年度］
◆推理：絵を見て、絵に描かれた状況がどう進展するかを考え、話す。［2012年度］
◆言語：ドキドキ、ソワソワなどを表す絵を見つける。［2015年度］
◆常識：鳴く虫、ヒマワリの種、半分に切った野菜の絵を見つける。［2015年度］

目指せ！合格！

家庭学習ガイド

帝塚山小学校

口頭試問　運動　ペーパー　保護者面接

入試情報

応募者数：男女 94 名
出題形式：ペーパー、ノンペーパー
面　　接：保護者
出題領域：ペーパー（記憶、図形、推理、言語）
　　　　　口頭試問、運動

入試対策

今年度はコロナ対策として行動観察がなく、ペーパー、面接、口頭試問が行われました。ペーパーテストでは、お話の記憶、図形、推理、言語に関する分野が例年出題されています。説明会では出題傾向が説明され、その分野がそのまま出題されているので、志望される方は説明会に必ず参加されることをおすすめします。口頭試問では、絵を見せた後にその説明と感想を求められました。例年通り１人での試問と、５人程度での試問の両方が行われたようです。

●行動観察では、コロナ対策のためグループでの作業はなくなり、運動のみになりました。基本的な運動能力とあきらめずに取り組む姿勢を見ています。
●保護者面接は、試験日前に実施されます。保護者に対する質問内容は、説明会や公開授業の印象や感想、そして、「躾で気を付けていることは何ですか」「どのような大人になってほしいですか」「お休みの日は、お子さまとどのように過ごされていますか」など、家庭教育・育児に関することなど幅広く質問がされます。

「帝塚山小学校」について

〈合格のためのアドバイス〉

当校を志望される方は、公開行事や説明会などへの参加が不可欠です。特に説明会では入試出題傾向についての説明があります。とはいえ、ただ参加するのでは意味がありません。事前に学校が発表している入試情報、過去の出題などを把握してから参加するようにしてください。そうすることで、説明される入試観点、ポイントなどへの理解が深まります。保護者面接では例年、公開行事や説明会のことについて聞かれます。その点でも参加は不可欠ということになります。

当校は、テスト前に練習問題を実施するなど、ていねいな入学試験が行われています。試験では、聞く力、理解力が求められるとともに、さまざまな学習を行う以前の、基本的な躾が身に付いていることも大切です。当校の入試対策は、各分野の力を個別に付けていくというよりは、全体のバランスを向上させることを心がけてください。そのためのポイントとして、得意分野と苦手分野の評価基準を変えてみるとよいでしょう。得意分野では正確さとスピードを両立させ、難度の高いことができた手応えをお子さまに実感させます。苦手分野では、「正解できた」「考え方がよい」など、解けたこと・考え方を評価し、自信を持たせるようにするとよいでしょう。

また、口頭試問は、正しい言葉遣いで、大きな声で話すことを心がけてください。１対１で、自分の意見・考え方を言える練習は必ずしておきましょう。

ペーパーテストは基本的な問題が中心ですが、それでも、出題の仕方によっては、はじめて見るような問題となることもあります。まずは、指示をしっかり聞き取って、理解してから問題に取り組むことを習慣付けさせてください。

学校は説明会などでも、学校をよく知って受験してほしいと伝えていますが、その考えは面接における質問内容にも反映されています。保護者の方は「学校をよく知る」ことをはじめとし、さまざまな質問に対応できる準備を心がけましょう。

〈2021年度選考〉

- ◆保護者面接（考査日前に実施）
- ◆ペーパーテスト
- ◆運動
- ◆個別面接・集団での口頭試問

◇過去の応募状況

2021年度 男女	94名
2020年度 男女	84名
2019年度 男女	118名

入試のチェックポイント

◇受験番号…「願書提出順」

◇生まれ月の考慮…「あり」

〈本書掲載分以外の過去問題〉

- ◆推理：お約束通りにものが並んでいる中の空所に入るものを考える。[2016年度]
- ◆図形：２つの絵を重ねてできる形を探す。[2015年度]
- ◆比較：基準となるシーソーを見て、重さを比較する。[2014年度]
- ◆図形：４つの図形の中から、１つだけ違うものを探す。[2017年度]

㊙ 先輩ママたちの声！

◆実際に受験をされた方からのアドバイスです。
是非参考にしてください。

近畿大学附属小学校

・説明会にて、行動観察の出題傾向の説明がありました。設問の説明をして、この中から数問出題しますと言われました。

・本の読み聞かせをたくさんしました。読み聞かせが親子の習慣になったことはとてもよかったと思います。また、話の聞き取りもしっかりできるようになったので、毎日の読み聞かせを、ぜひおすすめします。

・子どもの行動は、試験や面接中にはもちろんのこと、待機中なども観られていたと思います。会場では気を抜くことなく過ごすように 注意した方がよいです。

帝塚山小学校

・今年度も説明会にて、考査の出題傾向の説明がありました。実際の試験では、説明があった内容の問題がそのまま出題されました。また、願書の書き方の細かな説明もありましたので、受験される場合は必ず参加されるのがよいと思います。

・保護者面接では、体験入学や説明会の印象について聞かれた方もいたようです。説明会だけでなく、学校を深く理解するためにも公開行事には参加した方がよいと思います。

・ペーパーテストは問題を解く力はもちろんですが、「聞く力」も問われているのだと痛感しました。

・面接時は先生が細かくメモをとられていました。

近畿大学附属小学校
帝塚山小学校
過去問題集

〈はじめに〉

現在、少子化が叫ばれているにもかかわらず、私立・国立小学校の入学試験には一定の応募者があります。入試は、ただやみくもに学習するだけでは成果を得ることはできません。志望校の過去における出題傾向を研究・把握した上で、練習を進めていくこと、その上で試験までに志願者の不得意分野を克服していくことが必須条件です。そこで、本問題集は小学校を受験される方々に、志望校の出題傾向をより詳しく知って頂くために、過去に遡り出題頻度の高い問題を結集いたしました。最新のデータを含む精選された過去問題集で実力をお付けください。

また、志望校の選択には弊社発行の「**2022年度版　近畿圏・愛知県　国立・私立小学校　進学のてびき**」をぜひ参考になさってください。

〈本書ご使用方法〉

◆出題者は出題前に一度問題を通読し、出題内容などを把握した上で、〈**準　備**〉の欄に表記してあるものを用意してから始めてください。
◆お子さまに絵の頁を渡し、出題者が問題文を読む形式で出題してください。問題を読んだ後で、絵の頁を渡す問題もありますのでご注意ください。
◆「**分野**」は、問題の分野を表しています。弊社の問題集の分野に対応していますので、復習の際の目安にお役立てください。
◆問題番号右端のアイコンは、各問題に必要な力を表しています。詳しくは、アドバイス頁（ピンク色の紙１枚目下部）をご覧ください。
◆一部の描画や工作、常識等の問題については、解答が省略されているものがあります。お子さまの答えが成り立つか、出題者が各自でご判断ください。
◆〈**時　間**〉につきましては、目安とお考えください。
◆解答右端の［**○年度**］は、問題の出題年度です。［**2020年度**］は、「2019年の秋から冬にかけて行われた2020年度入学志望者向けの考査で出題された問題」という意味です。
◆**学習のポイント**は、指導の際にご参考にしてください。
◆**【おすすめ問題集】**は各問題の基礎力養成や実力アップにお役立てください。

〈本書ご使用にあたっての注意点〉

◆文中に**この問題の絵は縦に使用してください。**と記載してある問題の絵は縦にしてお使いください。
◆〈**準　備**〉の欄で、クレヨンと表記してある場合は12色程度のものを、画用紙と表記してある場合は白い画用紙をご用意ください。
◆文中に**この問題の絵はありません。**と記載してある問題には絵の頁がありませんので、ご注意ください。なお、問題の絵の右上にある番号が連番でなくても、中央下の頁番号が連番の場合は落丁ではありません。
下記一覧表の●が付いている問題は絵がありません。

問題１	問題２	問題３	問題４	問題５	問題６	問題７	問題８	問題９	問題10
							●		●
問題11	問題12	問題13	問題14	問題15	問題16	問題17	問題18	問題19	問題20
									●
問題21	問題22	問題23	問題24	問題25	問題26	問題27	問題28	問題29	問題30
問題31	問題32	問題33	問題34	問題35	問題36	問題37	問題38	問題39	問題40
							●		●

〈近畿大学附属小学校〉

※問題を始める前に、本文１頁の「本書ご使用方法」「ご使用にあたっての注意点」をご覧ください。

※本校の考査は、鉛筆を使用します。間違えた場合は訂正の印（×）で訂正し、正しい答えを書くよう指導してください。

保護者の方は、別紙の「家庭学習ガイド」「合格ためのアドバイス」を先にお読みください。
当校の対策および学習を進めていく上で、役立つ内容です。ぜひ、ご覧ください。

2021年度の最新問題

※ペーパーテストは、ひと続きのお話を聞きながら、さまざまな問題（問題１～問題７）に解答していくという形式で行われます。

問題1　分野：常識（季節、理科、マナーとルール）

〈準備〉　鉛筆

〈問題〉　①ワンダはイヌの男の子です。ある日、お友だちのリスくんがペットボトルに入れたドングリを見せて言いました。「昨日の日曜日、家族みんなで森に出かけたんだ。ドングリをいっぱい拾ったよ」ドングリの季節に関係があるものはどれですか。○をつけてください。
②ドングリのなる木の葉はどれですか。○をつけてください。
③リスくんの持っているペットボトルには、マークが付いています。「このマークはどんな意味なの？」とワンダが聞くと、リスくんは「飲み終わっても、このペットボトルはリサイクルできるから捨てないでねという意味だよ」と教えてくれました。リスくんが意味を教えてくれたマークはどれですか。○をつけてください。

〈時間〉　各20秒

問題2　分野：図形（座標の移動）

〈準備〉　鉛筆

〈問題〉　①（問題２－１の絵を渡す）上の約束を見てください。ワンダが、今の場所から♥♥♥と進むと、どこに止まりますか。止まるところに○を書いてください。
②（問題２２の絵を渡す）ワンダは鉄棒で遊んでから砂場でお城を作ろうと思いました。どのように進めばよいでしょうか。上の約束どおりにマスの中にマークを書いて、ワンダを鉄棒から砂場に案内してあげてください。
③（問題２３の絵を渡す）ワンダは砂場で「ここから◆◆♣と進んだところで待っています。ウサギより」という手紙を見つけました。ウサギさんが待っているところはどこですか。○をつけてください。

〈時間〉　①30秒　②30秒　③30秒

問題3　分野：図形（展開）

〈準備〉　鉛筆

〈問題〉　ワンダはウサギさんと折り紙あそびをしています。左の絵のように、折った紙の一部を切り取って広げました。どのような形になりますか。右の絵から選んで○をつけてください。

〈時間〉　各15秒

問題4　分野：図形（同図形探し）、数量（たし算・ひき算・積み木）

〈準備〉　鉛筆

〈問題〉　（問題4－1の絵を渡す）
①ワンダとお父さんは、いっしょにだるまの色塗りをしています。左端の四角の中のだるまと同じものは、どれでしょうか。下の欄に○をつけてください。
②だるまのおもちゃを座布団に座らせて飾ろうと思います。ワンダはあと何枚座布団を用意すればいいですか。その数の目のサイコロに○をつけてください。
（問題4－2の絵を渡す）
③④次の絵の積み木の数はいくつですか。積み木の数だけ、下の四角に○を書きましょう。

〈時間〉　各10秒

問題5　分野：常識（マナーとルール）

〈準備〉　鉛筆

〈問題〉　問題5の絵を見てください。
①ワンダくんが席をゆずったほうがいい人に○をつけてください。
②電車の中でしてはいけないことをしている子に△をつけてください。

〈時間〉　30秒

家庭学習のコツ①　「先輩ママのアドバイス」を読みましょう！

本書冒頭の「先輩ママのアドバイス」には、実際に試験を経験された方の貴重なお話が掲載されています。対策学習への取り組み方だけでなく、試験場の雰囲気や会場での過ごし方、お子さまの健康管理、家庭学習の方法など、さまざまなことがらについてのアドバイスもあります。先輩ママの体験談、アドバイスに学び、ステップアップを図りましょう！

問題6　分野：お話の記憶

〈準備〉　鉛筆

〈問題〉　お話を聞いて、後の質問に答えてください。

リスくんが森でドングリを拾った話を聞いて、ワンダとクマくんとウサギさんとリスくんは、みんなで森にドングリ拾いに行くことにしました。日曜日の朝、ワンダは張り切って早起きし、白いシャツと青いズボンをはいて出かけました。ワンダが待ち合わせのバス停に行くと、ピンクの帽子をかぶって赤いリュックを背負ったウサギさんが待っていました。「おはよう、早いね」「おはよう。ドングリ拾いが楽しみで、ワクワクして早く起きちゃったの」そこへ大きなドングリの模様の緑色のセーターを着たクマくんと、黄色いかばんを肩からかけたリスくんがやってきました。「おはよう。今日はドングリ日和だね」「おはよう、クマくん。ドングリ日和ってなあに？」ウサギさんが聞くと、クマくんは「ドングリを拾うのにぴったりの、すごくいい天気ということだよ」と説明しました。リスくんもうなずいて「だからきっと、たくさん拾えるよ」とうれしそうに言いました。バスに乗って森に着くと、辺りいちめん、たくさんのドングリが落ちていました。「わあ、ドングリがこんなにいっぱいあるよ！」「大きいのも、丸いのもあるね！」みんな大喜びです。あっという間に、たくさんのドングリが拾えました。「じゃあ、みんなでこのドングリを分けよう」ワンダが言うと、リスくんが首をかしげて言いました。「どうやって分けたらいいかな？」「みんな同じ数になるように分けたらいいよ」クマくんが言うと、ウサギさんがおずおずと「あのね、わたし、お母さんにもドングリをあげたいの。お母さんにあげる分、少し多めに欲しいな」と言いました。そこでみんなは、ウサギさんには少しドングリを多めに入れて、残りを３人で同じ数ずつ分けました。バスに乗って街に戻ると、ワンダのお母さんが待っていて「お帰りなさい。お昼ごはんがあるから、家にいらっしゃい」と言いました。ワンダの家に行くと、おにぎりが３つとウインナーが３つずつ、お皿に載せて用意してありました。みんなお腹が空いていたので、大喜びで食べました。それから、ドングリをおはじきにして遊びました。１番たくさんドングリを取ったのはリスくんで「やったあ」と飛び跳ねて喜びました。

（問題６－１の絵を渡す）

①ワンダといっしょにドングリ拾いに行かなかったのはだれですか。○をつけてください。

②ウサギさんが身に付けていたものはどれですか。○をつけてください。

③どんな天気でしたか。合うものに○をつけてください。

（問題６－２の絵を渡す）

④ドングリをどんな袋で分けたと思いますか。合うものに○をつけてください。

⑤おはじきゲームに使った全員分のドングリが左側に、取ったおはじきが右側に書いてあります。ワンダの取ったおはじきは何個だったでしょうか。その数だけ右端の四角の中に○を書いてください。

〈時間〉　各30秒

問題7　分野：推理（系列）

〈準備〉　鉛筆

〈問題〉　森の中でワンダたちが見たものを並べました。約束を考えて、ドングリとドングリの葉っぱはそれぞれ全部でいくつになりますか。その数だけ下の四角の中に○をつけてください。

〈時間〉　各30秒

問題8　分野：口頭試問

〈準備〉　なし

〈問題〉　**この問題の絵はありません。**

（志願者と先生の１対１で行われる。記録係の先生も同席する。）
・今まで山や森に行ったことはありますか。
・どんなことをして遊びましたか。
・山や川で遊ぶ時に気をつけることは何ですか。
・次に山や川に行ったらどんなことをして遊びたいですか。

〈時間〉　適宜

問題9　分野：生活巧緻性

〈準備〉　ハサミ、色鉛筆、巾着袋

〈問題〉　①問題９－１の絵の周りの太い線をハサミで切り取りましょう。
②問題９－２の絵を好きな色で塗りましょう。
③（巾着袋を手渡す）この巾着袋のひもを結んでください。そしてわたしに渡してください。

〈時間〉　適宜

問題10　分野：集団活動

〈準備〉　なし

〈問題〉　**この問題の絵はありません。**

これから私がお手本を示します。よく見て覚えましょう。
①最初にケンパーをします。「ケンパケンパケンケンパ」を３回繰り返しましょう。
②次に音楽に合わせて行進をします。
③音楽が止まったら、次の動物の中から好きな動物のまねをしてあるきましょう。「ゾウ・ウサギ・ゴリラ・イヌ」
④先生が「整列」と声をかけます。先生の前に集まって整列しましょう。

〈時間〉　適宜

家庭学習のコツ②　「家庭学習ガイド」はママの味方！

問題演習を始める前に、試験の概要をまとめた「家庭学習ガイド（本書カラーページに掲載）」を読みましょう。「家庭学習ガイド」には、応募者数や試験科目の詳細のほか、学習を進める上で重要な情報が掲載されています。それらの情報で入試の傾向をつかみ、学習の方針を立ててから、対策学習を始めてください。

問題11　分野：保護者面接

〈準備〉　なし

〈問題〉　**この問題の絵はありません。**

（質問例）

【父親への質問】

・　志望理由をお聞かせください。
・お子さまが学校から帰ってきた時、お友だちから無視され落ち込んでいる様子です。どのようにお子さまに対応されますか。
・子どもに関係のあるニュースで何か関心のあることはありますか。
・本校に対して、何か希望がありましたらお話してください。また事前に伝えたいことがあればお話しください。
・お子さまの自慢をしてください。
・反対に短所はどんなところですか。

【母親への質問】

・お子さまと接していて「すごい」と思った時はどんな時ですか。
・しつけでこれだけはしっかりできているというところはどんなことですか。
・当校の行事で、いいなあと思うものは何ですか。
・反抗する時もあるかと思います。その時はどうされていますか。
・どんなお子さまですか。
・最近いじめなど学校で色々なトラブルがある世の中になりました。当校に対して何か要望はありますか。

〈時間〉　適宜

☆近畿大学附属小学校

問題 1

①

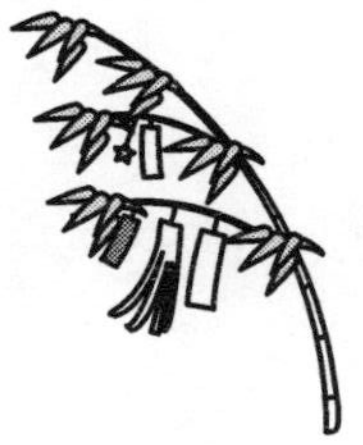
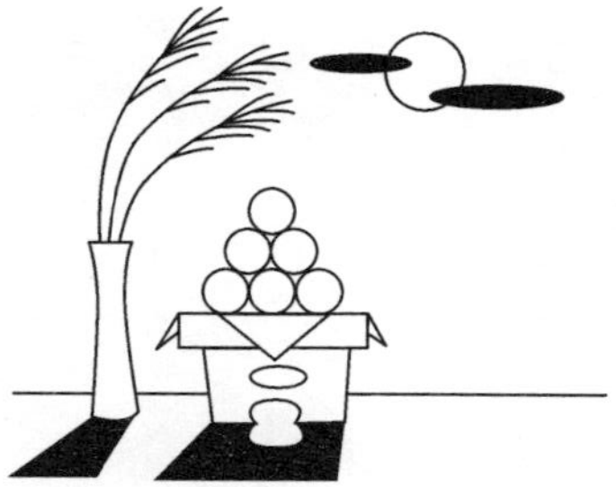
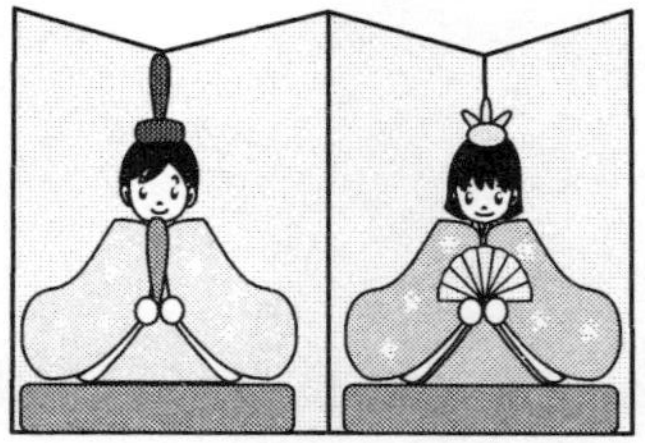
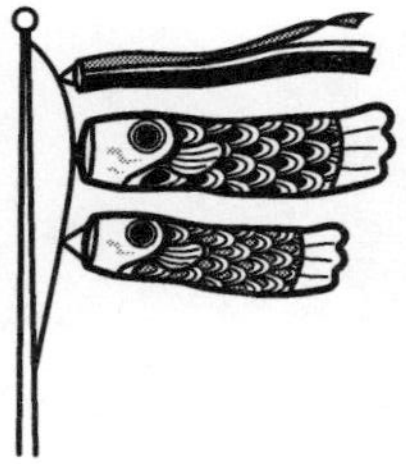

②

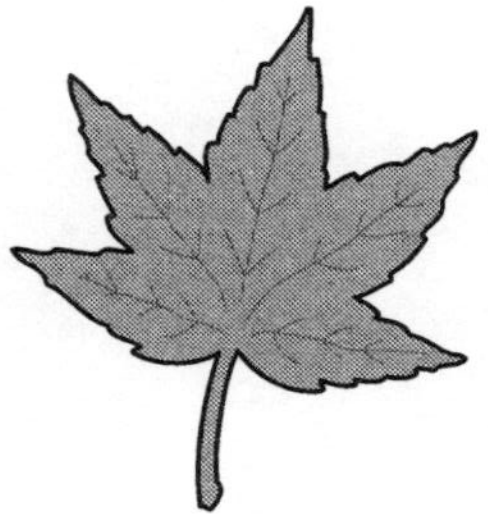
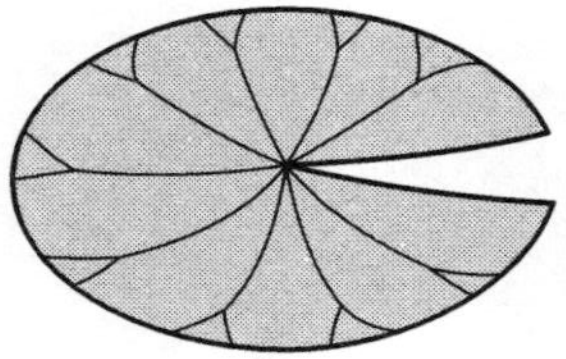
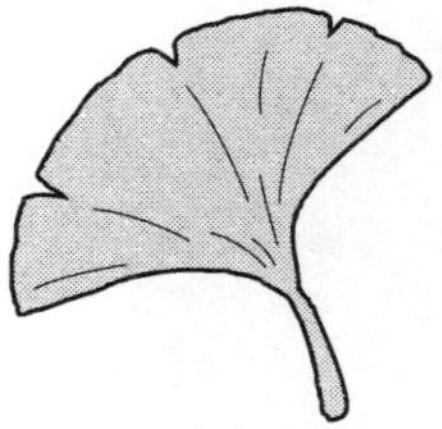
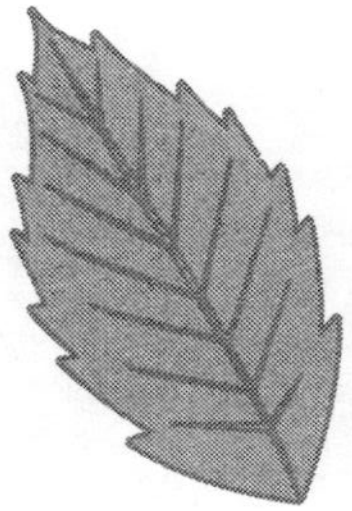

③

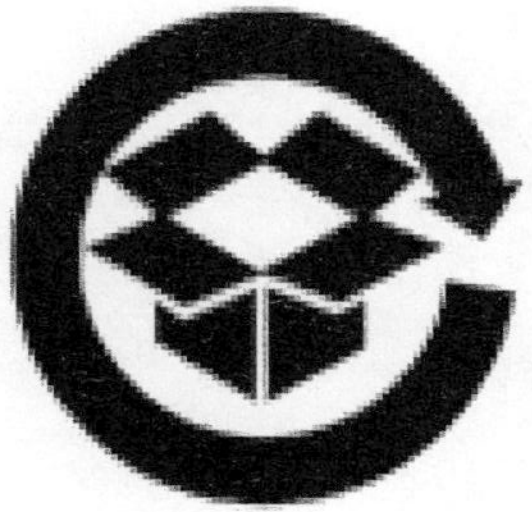
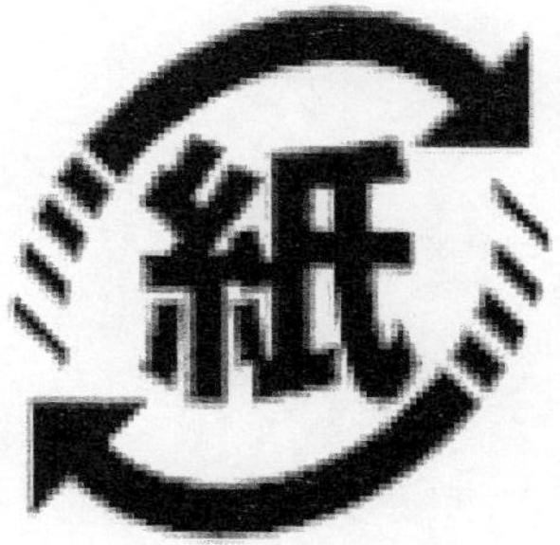

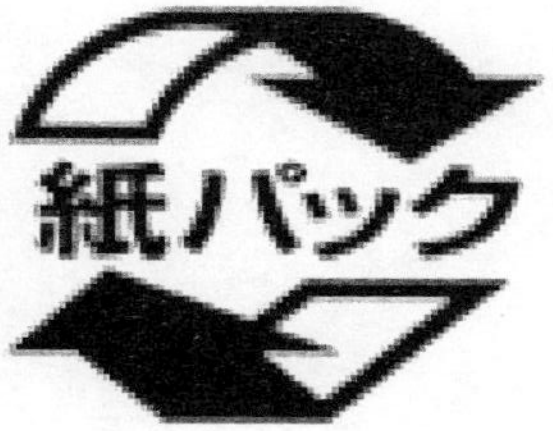

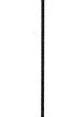

☆近畿大学附属小学校

2022 年度　近畿大附属・帝塚山小　過去　無断複製／転載を禁ずる　日本学習図書株式会社

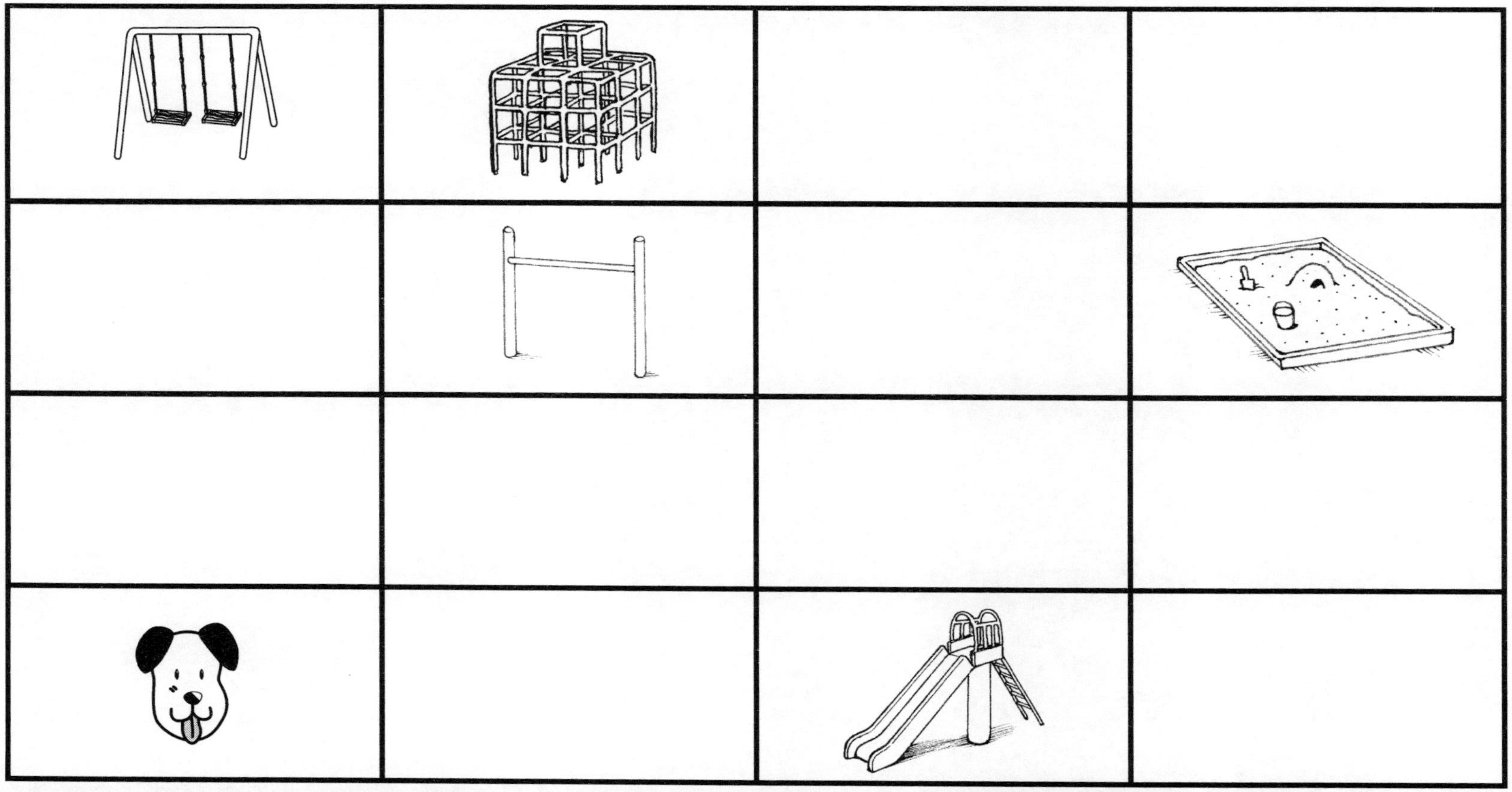

☆近畿大学附属小学校

2022年度　近畿大附属・帝塚山小　過去　無断複製／転載を禁ずる　日本学習図書株式会社

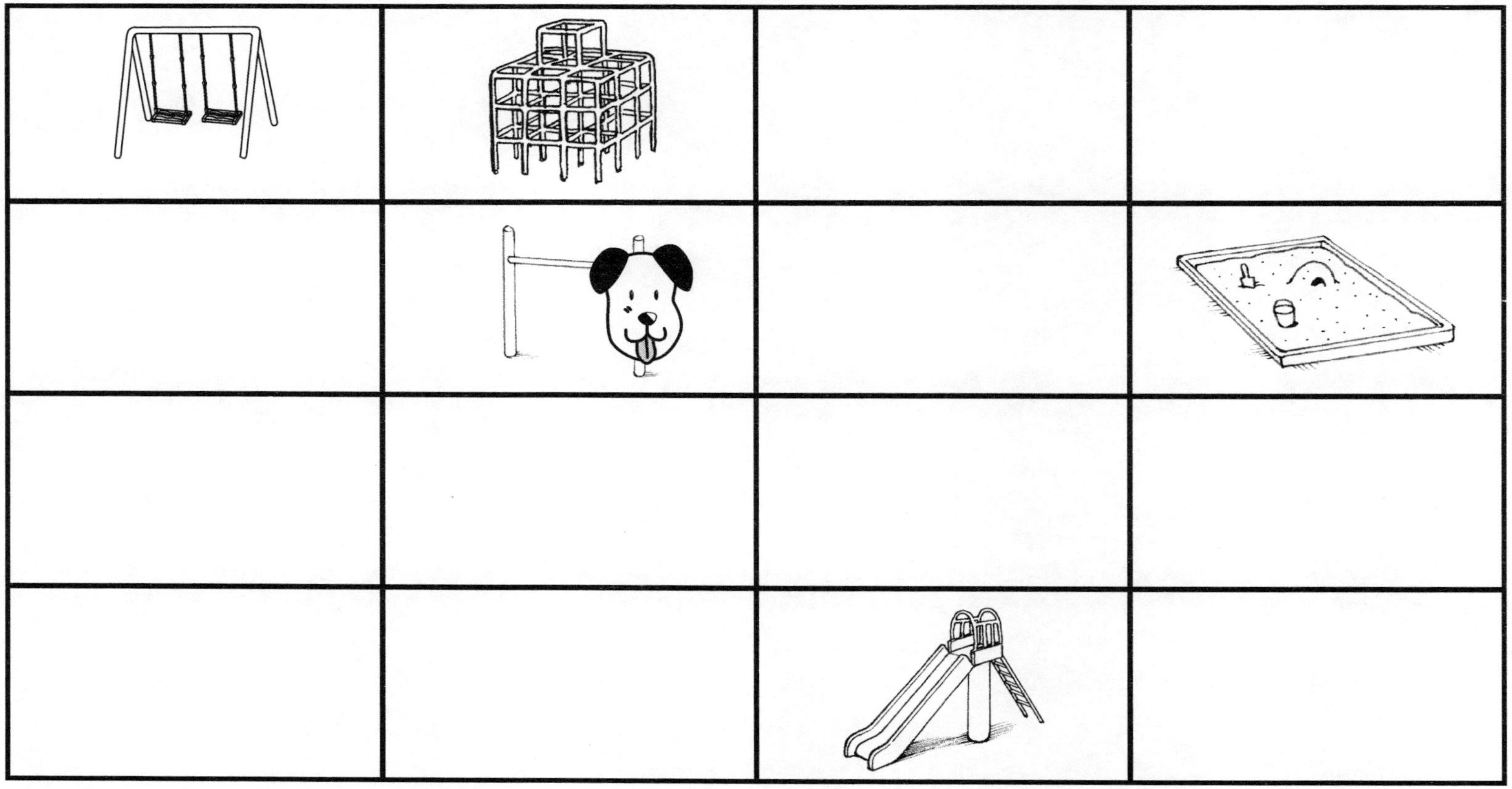

☆近畿大学附属小学校

2022 年度　近畿大附属・帝塚山小　過去　無断複製／転載を禁ずる　　　日本学習図書株式会社

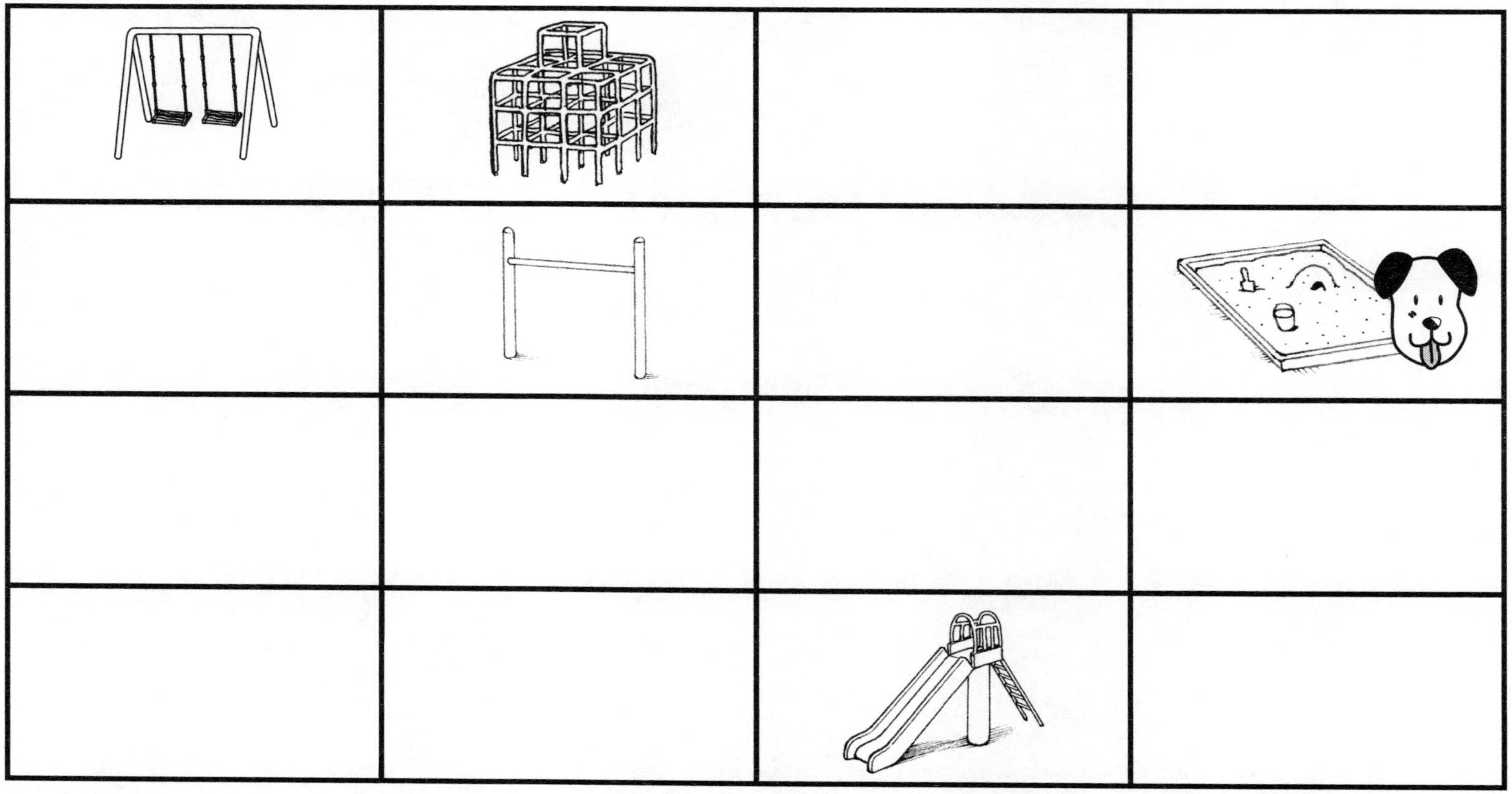

問題 3

①

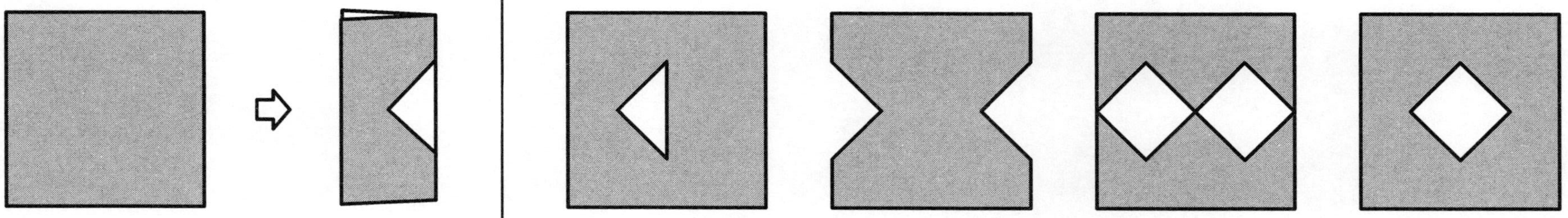

②

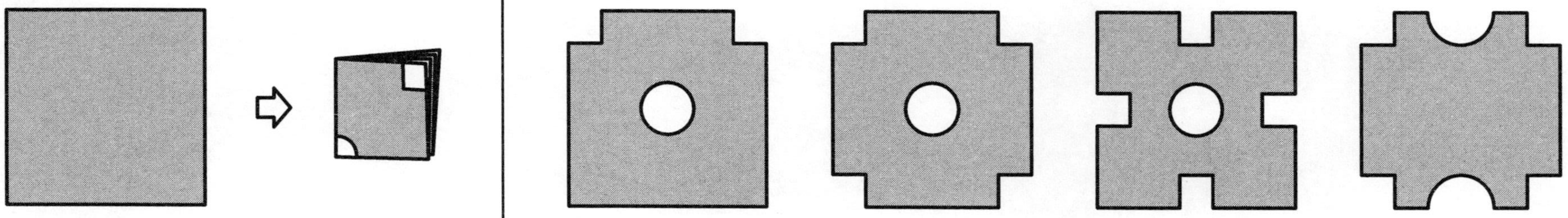

③

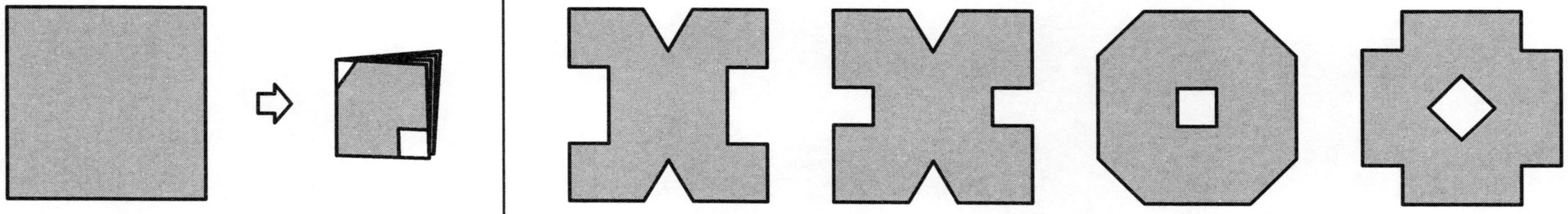

④

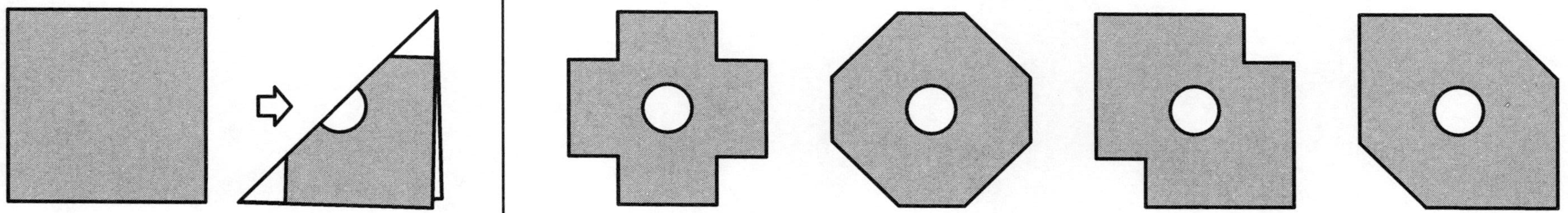

☆近畿大学附属小学校

問題４－１

①

②

日本学習図書株式会社

問題4－2

③

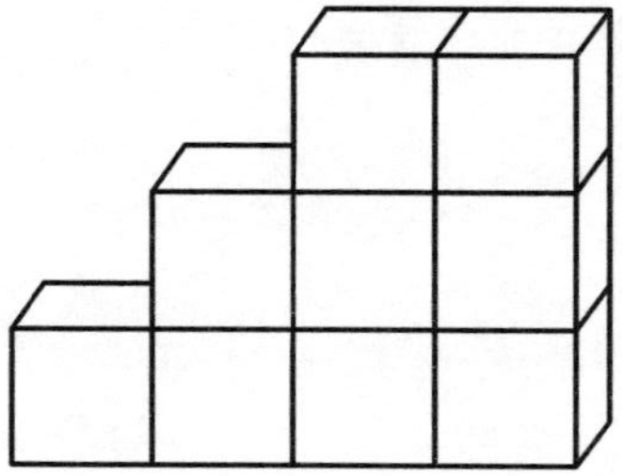

④

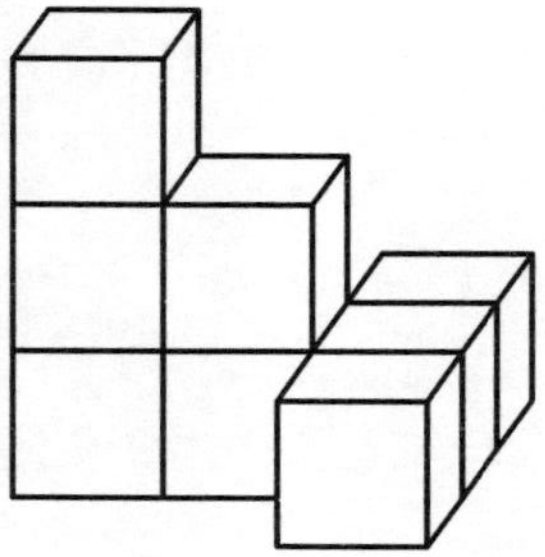

　

問題5

問題6－1

①

②

③

日本学習図書株式会社

問題6－2

④

⑤

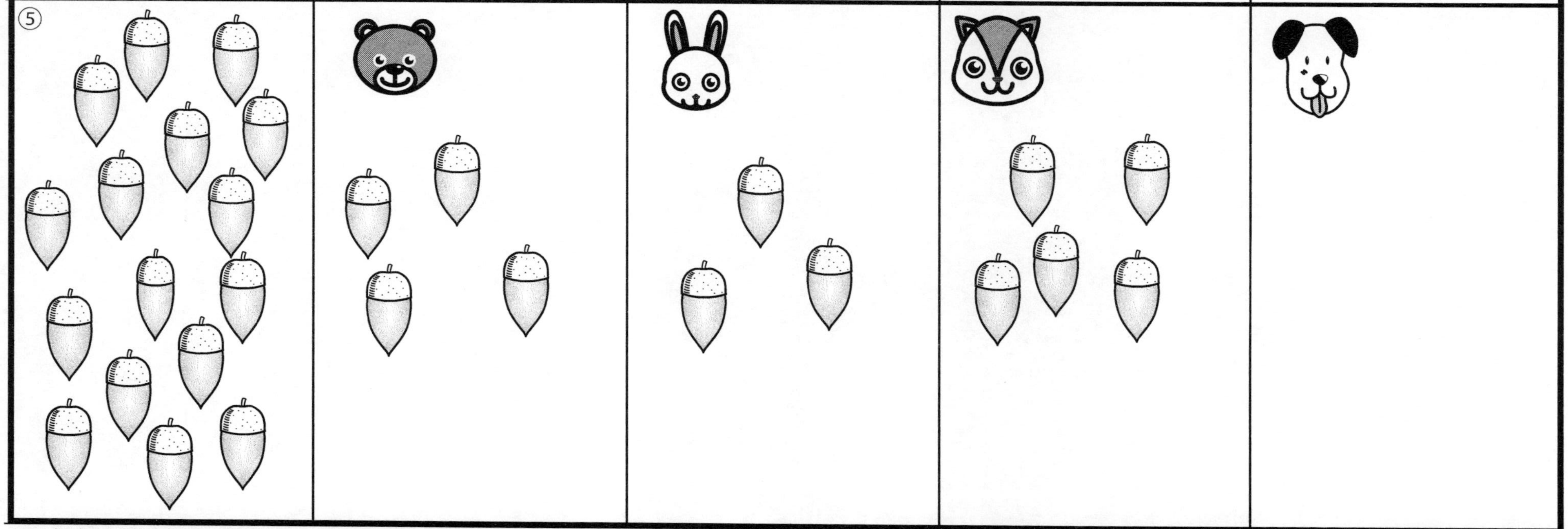

日本学習図書株式会社

問題7

☆近畿大学附属小学校

①

②

日本学習図書株式会社

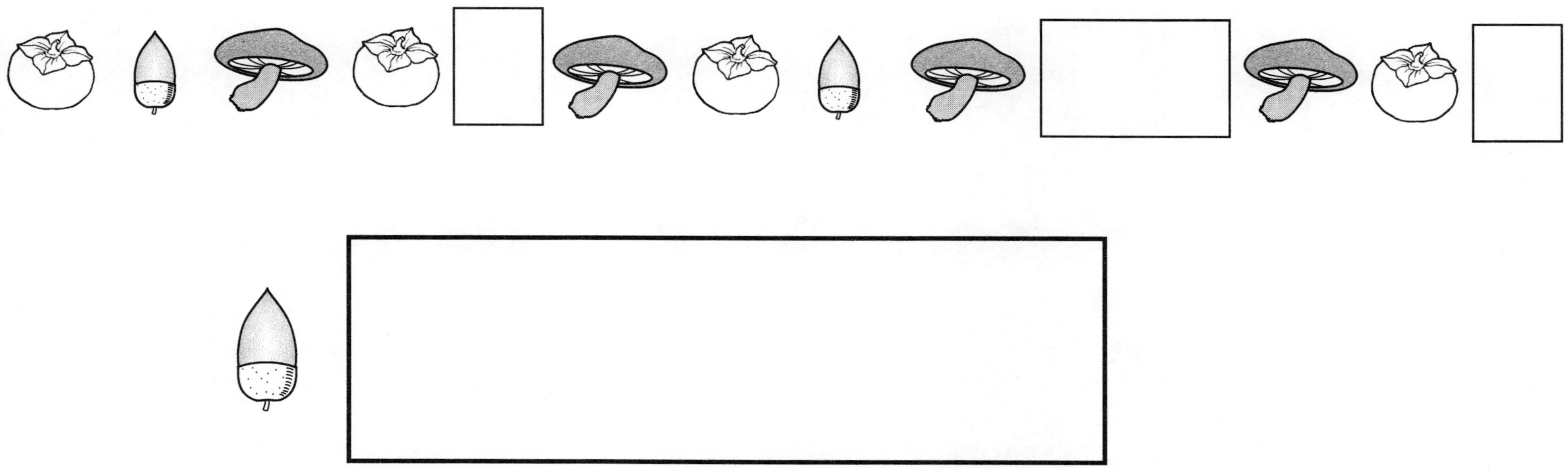

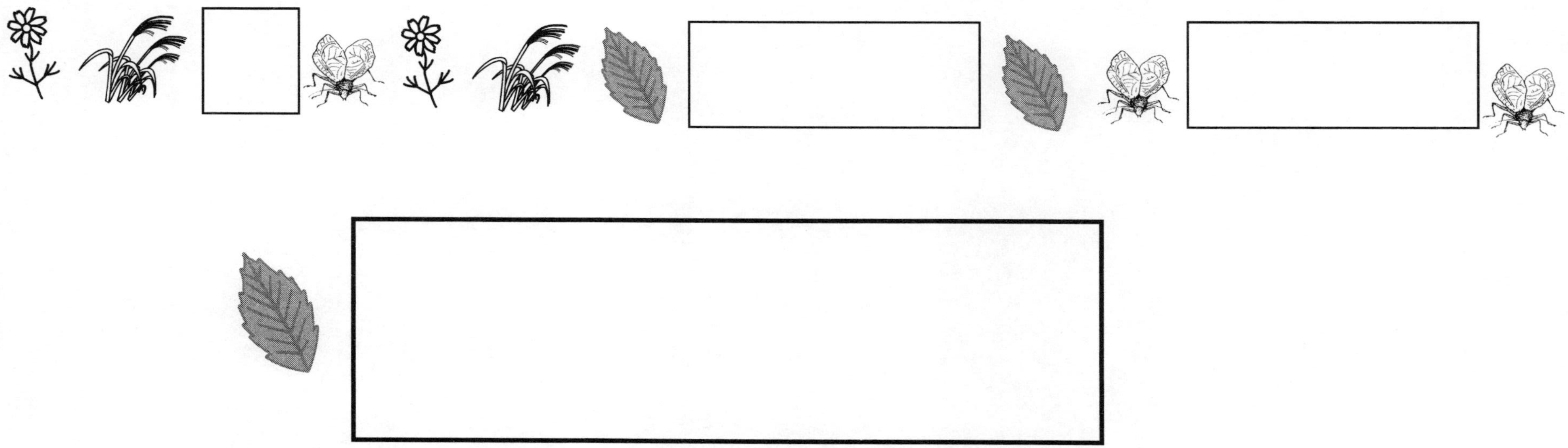

問題９－１

①

日本学習図書株式会社

問題９－２

2021年度入試
解答例・学習アドバイス

解答例では、制作・巧緻性・行動観察・運動といった分野の問題の答えは省略しています。こうした問題では、各問のアドバイスを参照し、保護者の方がお子さまの答えを判断してください。

問題1　分野：常識（季節、理科、マナーとルール）

〈解答〉　①左から２番目　②右端　③左端

当校の出題のいちばんの特色は、問題全体を通した主人公がいて、ストーリー仕立てになっていることです。試験を受けるお子さまが楽しめ、また全体の流れを理解する力を見ることのできる工夫がされています。出題される問題自体は一般的な内容ですから、物語を楽しむようにさまざまな問題をワンダといっしょに解いていけばいいのです。この問題では、身の回りの出来事に関して年齢相応の興味と知識を持っているかどうかを見ています。ドングリ拾いは子どもたちの大好きな遊びです。地面の上のドングリだけに目を奪われるのではなく、どんな木の下にドングリが落ちているのか、つまり、ドングリのなる木はどのような木なのか、単なる知識を覚えるのではなく、木を見上げて幹や葉、枝を確かめてみましょう。ペットボトルも日常生活に浸透している容器です。ペットボトルは「捨てる」のではなく、「リサイクルボックスに入れてリサイクルする」のだという意識を持たせて、お子さまにペットボトルをリサイクルボックスに入れるお手伝いをさせてみてください。矢印が巴形に組み合わされたデザインは、リサイクル可能なものにつけられるマークの共通点です。そんなことを通して、身近なことから社会の仕組みにふれるきっかけにしてみるのも、お子さまのものの見え方を豊かにするかもしれません。

【おすすめ問題集】

Ｊｒ・ウォッチャー　27「理科」、30「生活習慣」、34「季節」、55「理科②」、56「マナーとルール」

家庭学習のコツ③　効果的な学習方法～問題集を通読する

過去問題集を始めるにあたり、いきなり問題に取り組んではいませんか？　それでは本書を有効活用しているとは言えません。まず、保護者の方が、すべてを一通り読み、当校の傾向、ポイント、問題のアドバイスを頭に入れてください。そうすることにより、保護者の方の指導力がアップします。また、日常生活のさまざまなことから、保護者の方自身が「作問」することができるようになっていきます。

問題2　分野：指示迷路

〈解 答〉　①ブランコのマス　②鉄棒の右隣のマスにスペードのマークを書く　③すべり台のマス

決められた約束を見て、条件通りにワンダを移動させる「座標の移動」の問題です。この問題の特徴は、約束を正しく理解しているかどうか、そして、それを目で追うだけではなく、ワンダといっしょに歩くつもりで解いてみましょう。最もつけたい力は「条件を理解する力」です。少し進んだトレーニングとして、ワンダの移動先から条件を逆算してみるのも面白いでしょう。

【おすすめ問題集】

Ｊｒ．ウォッチャー２「座標」、７「迷路」、31「推理思考」、47「座標の移動」

問題3　分野：図形（展開）

〈解 答〉　①右端　②左から２番目　③左端　④右から２番目

当校の図形の問題は、ワンダが友だちと遊んでいる設定で出されることが多くあります。今回は、折った折り紙の一部をハサミで切り取り、広げた時の形を推測する問題です。勉強としてではなく、遊びとして楽しむお子さまもいらっしゃるのではないでしょうか。もちろん、テストでは頭の中だけで折り紙を折ってハサミで切って開いたところをイメージして考えます。四つ折りの問題も出ますので、難しく感じる時は実際に紙を折ってハサミで切ってみてください。切り取った図形を開いて閉じてみると、頭の中でもイメージしやすくなります。練習を積み重ねることで、力がついてくる種類の問題です。

【おすすめ問題集】

Ｊｒ・ウォッチャー5「回転・展開」、8「対称」

問題4　分野：図形（同図形探し）、数量（たし算・ひき算・積み木）

〈解 答〉　①右から２番目　②３の目のサイコロ　③○：９　④○：８

指示されたものの特徴をよく見て、全体から同じものを見つけ出して順番や個数を答える問題です。セットを作った残りを答えるという問題は、引き算と同じです。小学校受験では算用数字は使いませんから、○で答えます。雑に書かず、ていねいに書きましょう。積み木の問題は、実物を使った練習を日頃から積み重ねておくことで、得意分野にすることができます。よく練習しておきましょう。

【おすすめ問題集】

Ｊｒ．ウォッチャー４「同図形探し」、14「数える」、16「積み木」

問題5　分野：常識（マナー）

〈解答〉 下図参照

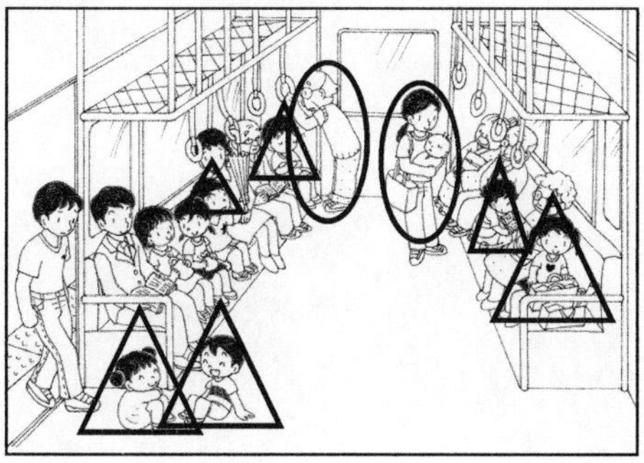

一般的なマナーの問題です。公共の場や食事の場面など、周りに人がいる場所でどのように振る舞うか、その常識を測っています。マナーの根底にあるのは、その場にいる人への思いやりと想像力です。マナーが身についているということは、思いやりを自然に行動で表すことができるということでもあります。「電車の中で走ってはだめよ。ほかの人にぶつかったらお互いに怪我をしますよ」というふうに、表面的な決まりだけではなく、その根底にある相手への想像力を言葉にしてあげましょう。

【おすすめ問題集】

Ｊｒ・ウォッチャー23「切る・貼る・塗る」、51「運筆①」、52「運筆②」

問題6　分野：お話の記憶

〈解答〉 ①右から２番目　②左端　③右端
④右から２番目　⑤○：４

ストーリーの中心となる物語の出題です。長さは800字程度で、聞き取りやすい長さです。お話の内容をしっかり聞いていれば、どれも答えられるような質問ばかりですが、④は、ウサギさんだけ少し多く分けたことを踏まえて答えたほうがよいでしょう。ふだんの読み聞かせの中で、「自分だったらどう思う？」「こんな時、自分だったらどうする？」といった問いかけを通じて、お話や登場人物の気持ちを具体的にイメージしてみることで、お話の中に描かれている世界を想像しやすくなります。日頃からそういったトレーニングを積み重ねていきましょう。

【おすすめ問題集】

１話５分の読み聞かせお話集①②、１話７分の読み聞かせお話集入試実践編①、
お話の記憶 初級編・中級編・上級編、Ｊｒ・ウォッチャー19「お話の記憶」

問題7　分野：推理（系列完成）

〈解 答〉　①〇：5　②〇：4

並んでいるものの順番の規則を見つけ、空欄に何が入るかを推測する問題です。お話のストーリーに出てくる「森にドングリを拾いに行った」という出来事を踏まえて、キノコやカキなどの秋の季節を示すものが並んでいます。この種の問題は、並び順をよく見てパターンの切れ目を見つけ、繰り返しそのパターンが出てくることを確かめることで空欄を埋めることができます。規則や約束を見つけることはプログラミングの基本なので、どこの学校でもよく出題されます。見抜けるようになると楽しく解けますから、試行錯誤しながらパターンを見抜くトレーニングをしていってください。

【おすすめ問題集】Ｊｒ．ウォッチャー6「系列」

問題8　口頭試問

面接官と1対1で行われる口頭試問は、お子さまがどんな子なのか、ペーパーテストや志願書類ではわからないところを見るために行われます。お子さまのマナーや態度、言葉遣いを見れば、お子さまがどのようなご家庭で育っているのか、どのように大人と関わっているのか、教育方針だけでなく養育姿勢もわかるものです。答える時は単語で答えず、相手の目を見て話をしましょう。また、質問に答えられない時は素直に「わかりません」と答えてしまってもかまいません。一生懸命考えてから答えることが大切です。

【おすすめ問題集】
新 口頭試問・個別テスト問題集、面接テスト問題集

問題9　分野：巧緻性（生活）

生活巧緻性の問題は、説明会で予告された内容の中から出題されます。今回は、箸の持ち方や置き方・ぞうきんしぼり・ひも結び・スモックの着脱とたたみ方・ハサミの使い方・折り紙・色塗りの中から数問との説明がありました。小学校生活の中で自分のことは自分でできるか、基本的な生活動作が身についているかを見ています。日頃から脱いだものはたたむ、ぞうきんをしぼるなどといったことをしっかりとさせましょう。また、指示を理解してそのとおりに行動できるかも大切なことです。集団生活を送る上で、積極的に活動に参加したり、規律を守ったりすることができる子どもが、当校で学ぶのにふさわしいと学校側は考えています。人見知りしがちなお子さまでも、まずはご家族や親戚などで食事をするといったことから始め、人前での行動に慣れていきましょう。

【おすすめ問題集】
Ｊｒ・ウォッチャー23「切る・貼る・塗る」、25「生活巧緻性」、30「生活習慣」

問題10　分野：集団活動

集団活動のテストでは、集団の中でお子さまがどのように振る舞うかが見られますが、例年実施されていた「仲間づくり」の課題は、コロナウイルス感染症予防の３密を避けるため、本年度は出題されませんでした。その分、説明や指示を聞く姿勢の真面目さ、いきいきと課題に取り組む姿勢や積極性をていねいに見たものと思われます。きびきびと指示通りに動いたり、次の課題にさっと切り替えて取り組めたり、といったことで、積極性や真面目さを示すようにしましょう。もちろん、１つひとつの行動をていねいに行うことが大切です。

【おすすめ問題集】
Ｊｒ・ウォッチャー29「行動観察」

問題11　分野：保護者面接

当校の面接は保護者面接で、試験日前に行われます。面接時間は約15分。当校の面接の特徴としては、お子さまのことを聞かれることはもちろんですが、子どもに関係する時事的な出来事に対する考えなども質問されることです。コロナ対策などで社会が大きく変化している中で、なかなか大変な質問と言えるかもしれませんが、両親が共通した教育観や倫理観、社会を子どもに示す際の姿勢を持っていることが非常に大切と言えるでしょう。ただ、難しい質問だからといって、難しい用語を使ったりする必要はありません。ふだんから使っている言葉で、しっかりと自分の考えを言えるようにしましょう。それ以外の質問では例年、好きな行事などについて聞かれることが多いので、学校行事はかならず参加するようにしましょう。

【おすすめ問題集】
新 小学校受験の入試面接Ｑ＆Ａ、面接テスト問題集、面接最強マニュアル

2020年度の過去問題

※ペーパーテストは、ひと続きのお話を聞きながら、さまざまな問題（問題１～問題８）に解答していくという形式で行われます。

問題12　分野：図形（座標の移動）

〈準 備〉　鉛筆

〈問 題〉　①上の約束を見てください。ワンダが「◆△△」と進むと、どこに止まりますか。止まるところに○をつけてください。
②ワンダはお母さんのためにリンゴを買いに行きます。リンゴを手に入れるためにはどう進めばよいでしょうか。上の約束どおりにマークを書いてワンダをリンゴまで連れてってください。

〈時 間〉　①30秒　②２分

〈解 答〉　①クリ　②下記参照（解答例）

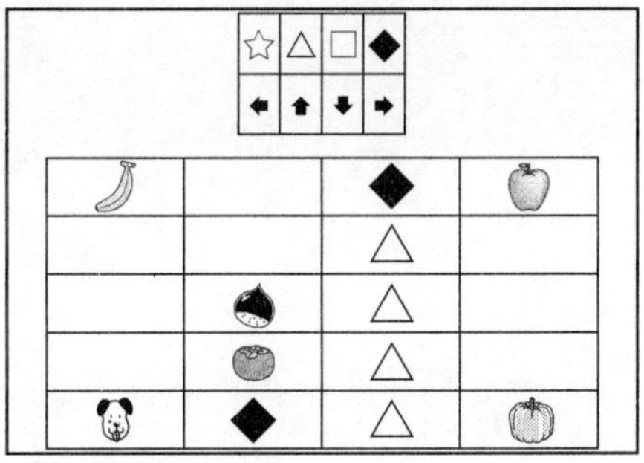

［2020年度出題］

学習のポイント

上の条件を見て、ワンダを移動させる「座標の移動」の問題です。ここで観られているのは、条件をしっかりと理解できているかどうかです。１つひとつの条件を確かめながら問題を進めていくことはもちろんよいですが、この問題は一般的な「座標の移動」の問題と違い、条件をマスに書いていくという形式なので、書く時間も求められます。そのため１つひとつ条件を確認していくことはできません。いかに頭の中で条件を理解し解答していくかが大切になります。類題に繰り返し解くことも大切ですが、最も付けたい力は、「条件を理解する力」です。１つの問題で条件を変えてみることも試してみましょう。

【おすすめ問題集】
Ｊｒ・ウォッチャー47「座標の移動」

問題13　分野：図形（回転図形）

〈準 備〉　鉛筆

〈問 題〉　ワンダはお父さんに買ってもらった色鉛筆で左の図形を描きました。この図形を矢印の方向へ回転するとどうなりますか。正しいと思うものに○をつけてください。

〈時 間〉　各15秒

〈解 答〉　①右　②右

［2020年度出題］

学習のポイント

当校において図形の問題は例年よく出題されてます。この問題は回転図形の問題です。こういった問題で必要となる力は、頭の中の図形を回転させることがイメージできるかどうかです。例えば①の問題ですが、右に１回回転させると、１番大きい黒の三角形が下にくるということをすぐイメージできるかということです。ここで１番大きい黒の三角形で説明したように、こういった回転図形の問題は、その図形の特徴を見つけ、それを回転させると解きやすくなります。つまり、図形全体を見るのではなく、図形の特徴を回転させるということです。この方法で②の問題を解いていくと、図形の真ん中あたりにトイレのマークのようなものが描かれています。このマークを右に回転させたものは右端の図形しかありません。このようにして類題を繰り返し解いていくと、お子さまが意識して見れる図形の特徴が大きくなっていき、自然と図形自体を回転するイメージができるようになります。

【おすすめ問題集】

Ｊｒ・ウォッチャー46「回転図形」

問題14　分野：図形（同図形探し）、数量（選んで数える）

〈問 題〉　①上の段を見てください。四角の中のイヌはワンダのお友だちのワンワンです。ワンワンは右から何番目にいますか。その数のサイコロの目に○をつけてください。
②下の段を見てください。ワンワンはそっくりの兄弟がたくさんいます。ワンワンと色もいっしょでそっくりらしいのですが、ワンワンの兄弟は何匹いますか。その数のサイコロの目に○をつけてください。

〈時 間〉　各10秒

〈解 答〉　①３　②４

［2020年度出題］

学習のポイント

この問題は、指示されたものを、全体から見つけ出して個数や順番を解答する問題です。それぞれ描かれている絵はどれも似ています。一見しただけではすぐに見つけられないものがほとんどなので、焦らず１つひとつ見ていくようにしていきましょう。指示されたものを探す時に、お子さま自身でルールを決めてしまえば、抜け目なく見つけることができます。例えば、上から下へ、左から右へというように見つける順番を決めてしまうというようにです。そうすることにより、見つける精度やスピードが上がっていきます。最初のうちは、保護者の方がお子さまにそのように促して指導していきましょう。類題を繰り返していくうちに、自然とお子さまはルールを無意識に使うようになっていきます。

【おすすめ問題集】
Ｊｒ・ウォッチャー４「同図形探し」、14「数える」、37「選んで数える」

問題15　分野：ひき算（数量）

〈準備〉　鉛筆

〈問題〉　ワンダは、パーティーの準備で大いそがし。お皿にケーキを載せようとしますが、このままではお皿が足りません。いくつ足りないでしょうか。下の四角にその数だけ○を書いてください。

〈時間〉　30秒

〈解答〉　○：３

［2020年度出題］

学習のポイント

この問題はケーキの数からお皿の数を引いて答えを出す、「ひき算」の問題です。数字を使った「たし算・ひき算」は小学校入学後に学習しますが、この問題のように小学校受験ではイラストを使った「たし算・ひき算」が当校に限らず、よく出題されています。ですから、絵を見て１～10までの数は一見してかぞえられるようにしておきましょう。それができていれば、ケーキが10個、お皿が７枚とわかり、お皿が３枚足りないことがわかります。ただこの問題はこの方法だけでなく、「ケーキ１枚、お皿１枚」をセットにして、余ったケーキの数が足りないお皿の数＝答えという方法もあります。どちらがお子さまにとってやりやすいかどうか、保護者の方はお子さまの学習段階を踏まえて指導するようにしてください。

【おすすめ問題集】
Ｊｒ・ウォッチャー38「たし算・ひき算１」、39「たし算・ひき算２」

問題16　分野：図形（図形の構成）

〈準備〉　鉛筆

〈問題〉　ワンダは、積み木遊びでさまざまな形を作りました。問題の絵を見てください。左側の積み木を右の積み木に作りかえるには、積み木をいくつ動かせばよいでしょうか。下の四角にその数だけ○を書いてください。

〈時間〉　30秒

〈解答〉　○：4

［2020年度出題］

学習のポイント

この問題で観られているポイントは、見本の積み木の一部を動かして、それを違う視点から見てもイメージができるかどうかです。こういった問題は、ふだんから実物を使った学習をしておかないとお子さまは理解しにくいでしょうから、実際に問題同様に積み木を積んでいき、見てみましょう。そしてその後に積み木の一部を移動させ、さっき見ていた視点とは違う視点で全体を見るという作業を行いましょう。この作業を繰り返し行っていくと、頭の中でもイメージして積み木を積み上げられるようになります。

【おすすめ問題集】

Ｊｒ・ウォッチャー53「四方からの観察　積み木編」、54「図形の構成」

問題17　分野：図形（合成）

〈準備〉　鉛筆

〈問題〉　ワンダたちは、パズル遊びもしています。問題17の絵を見てください。上の図形を使って、できない形が下の四角に1つあります。その図形を選んで○をつけてください。

〈時間〉　30秒

〈解答〉　下図参照

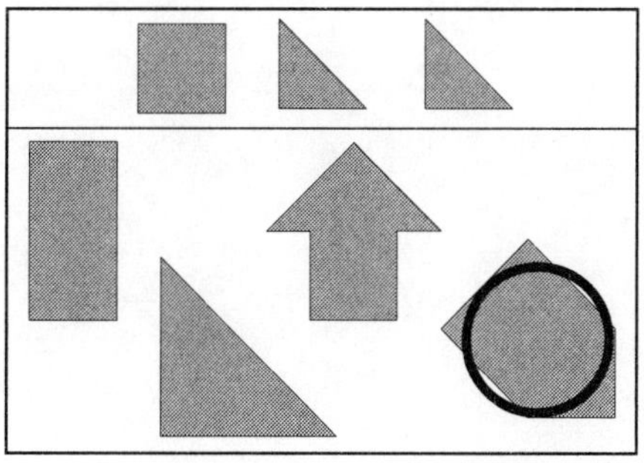

［2020年度出題］

学習のポイント

図形分野の問題は当校では例年出題されるので、どの分野が出てもいいように対策をとっておきましょう。ここでは、上のパーツを使って、できない図形がどれかを選ぶ問題が出題されました。この問題で大切なのは、「△と△を合わせたら、□になる」などの図形の特徴にすぐ気付けるかどうかです。もしお子さまが解けなかったのであれば、問題のパーツに似た実物（積み木やタングラム）を使って、学習してみましょう。お子さま自身で実際に図形と図形を組み合わせるということを直接体験することは、ペーパー学習を何度も繰り返すよりも理解が深まります。

【おすすめ問題集】

Ｊｒ・ウォッチャー９「合成」、54「図形の構成」

問題18　分野：お話の記憶

〈準備〉　鉛筆

〈問題〉　お話をよく聞いて質問に答えてください。

今日はあいにくの雨なので、ワンダとクマくん、ウサギさん、ネコさんは教室で絵を描いています。ネコさんが「あ～あ、天気がよかったらめいっぱい外で遊べたのに」と言っています。ウサギさんが「まあまあ、久しぶりに絵を描くのも楽しいじゃない？」といいました。ワンダが「ねえ、クマくんは何を描いているの？」と聞くと、「飛行機を描いているよ、今度飛行機に乗るんだ、すごく楽しみにしてるんだ」と言いました。「飛行機に乗ってどこに行くの？」とウサギさんがクマくんに聞いたので、クマくんは海に行くと答えました。するとクマくんが「ねえ、ワンダ、飛行機の後ろに海も描きたいから、青の色鉛筆を貸してくれない？」とワンダにお願いをしたので、青の色鉛筆をクマくんに貸しました。「わたしは泳げないから、海に行ったことないの」とネコさんが言い、ワンダがネコさんの絵を覗いたら、ネコさんは大好きなケーキの絵を描いています。「ネコさんの絵を見ていたら、お腹空いてきちゃったよ」とワンダが言うので、みんなは笑いました。ウサギさんが「ねえねえ、ワンダは何を描くの？」と聞いてきました。「僕はね、青い空を描くよ」といい、青の色鉛筆を使おうとしましたが、ありません。クマくんに貸していたことを思い出し、「クマくん、さっき貸した青い色鉛筆返してくれない？」とクマくんに言いました。クマくんはそわそわし出しました。「あれ、さっきそこに置いていたんだけど…」、みんなで周りを探したけど、青の色鉛筆はなかなか見つかりません。ワンダはお父さんから誕生日に買ってもらった色鉛筆だったので、心がずうんと重くなりました。けど仕方がありません。クマくんも今にも泣き出しそうだったので、ワンダは「大丈夫だよ」と言ったら、「あれ？」とクマくんが言いました。クマくんがズボンのポケットを触っていたら、青の色鉛筆が出てきました。みんな大笑いしました。

（問題18の絵を渡す）

①１番上の段の絵を見てください。ネコさんが描いた絵はどんな絵ですか。選んで○をつけてください。

②上から２番目の段の絵を見てください。クマくんが飛行機で行く場所は、どこですか。選んで○をつけてください。

③１番下の段の絵を見てください。お話の「心がずうんと重くなってくるのでした」という場面で、ワンダはどんな顔をしていたと思いますか。選んで○をつけてください。

〈時間〉　各30秒

〈解答〉　①右端（ケーキ）
②左から２番目（海）
③右から２番目

［2020年度出題］

学習のポイント

当校では例年、お話の記憶の問題が出題されています。約800字と一般的な長さなので、日頃からお話の記憶の問題を学習しているお子さまにとってはそれほど難しくない問題でしょう。実際に①②はお話の内容のことを聞かれているので、しっかりと聞けば解けますが、③は「心がずうんと重くなる」という感情をイメージできないと解けない問題なので少し厄介かもしれません。保護者の方は日頃の読み聞かせの時に、登場人物がどう思ったのか、ということを意識させましょう。例えば、お話の途中で「登場人物がどう思ったのかな？」や「自分ならどうする？」というような質問をしてあげるだけでも、感情をイメージしながら聞くことができるようになります。さらに、それを繰り返すことで、常にイメージしながらお話を聞く習慣が身に付きます。読み聞かせの「仕方」を工夫してみましょう。

【おすすめ問題集】

1話5分の読み聞かせお話集①・②、お話の記憶 初級編・中級編・上級編、
Ｊｒ・ウォッチャー19「お話の記憶」

問題19　分野：生活巧緻性

〈準備〉　ハサミ、色鉛筆、衣服（ボタンのあるもの）

〈問題〉　（問題19-1の絵を渡す）
①線に沿って切ってください。
（問題19-2の絵を渡す）
②絵を好きな色で塗ってください。
③服のボタンを留めましょう。留め終えたらたたみましょう。

〈時間〉　適宜

〈解答〉　省略

［2020年度出題］

学習のポイント

例年行われている「生活テスト」です。説明会の時に「箸の持ち方、ぞうきんしぼり、ひも結び、スモック着脱・たたみ、ハサミ、折り紙、色塗りの中から数問出題します」という説明があったそうです。お弁当箱を入れる巾着袋を結ぶことなど、小学校生活を送る上で必要となる基本的なことが身に付いているかが観られます。小学校に上がると、自分のことは自分でするのが基本です。お子さまのためにも、自分の身の回りのことは自分で行う習慣を付けさせましょう。また、指示を理解してその通りに行動できるかも、重要な観点です。学校の活動は集団行動を基本としますので、規律を守れる子どもや活動に積極的に参加できる子どもが、「当校の教育にふさわしい」と学校側は判断しています。お子さまが集団行動を苦手としている場合でも、食事は必ず家族そろってとったり、家庭でのお手伝いを任せるといった取り組みで、ある程度慣れさせることができます。

【おすすめ問題集】

Ｊｒ・ウォッチャー12「日常生活」、25「生活巧緻性」、30「生活習慣」

問題20　分野：口頭試問

〈準 備〉　絵本、輪投げ、けん玉、塗り絵、色鉛筆

〈問 題〉　この問題の絵はありません。
※自由遊びをしている途中に呼ばれて、志願者と試験官の１対１で行う。
（質問例）
・お友だちがあなたの大切にしている色鉛筆をなくしてしまったら、あなたはどうしますか。
・今までどんな絵を描いたことがありますか。
・今日家に帰ったらどんな絵を描きたいですか。

※待機中は、準備した遊び道具の中から指定されたもので遊ぶよう指示がある。

〈時 間〉　適宜

〈解 答〉　省略

［2020年度出題］

学習のポイント

面接官との１対１で行われる口頭試問では、ペーパーテストや志願書類ではわからないお子さまの特徴が観られます。人と接する時の態度やマナー、言葉遣いの中に、家庭での躾の様子だけでなく、ご家庭の教育方針をお子さまを通して学校側は観ています。答える時は単語で返すことのないように、「はい、〇〇です」など、一旦返事をしてから答えるようにしましょう。また、質問に答えられないときは「わかりません」と答えても問題はありません。「わからないこと」をダメだと思い、無理やり答えて見当違いのことを言ってしまったり、黙ってしまうよりは、しっかりと伝えることが大切です。ただ、当たり前ですが、すぐにわからないと答えずに、一生懸命考えてから答えるようにしましょう。

【おすすめ問題集】
面接テスト問題集、新口頭試問・個別テスト問題集

問題20　分野：行動観察

〈準備〉　行進に適した音楽、音楽再生機器、ケンパをする○をテープなどで貼る

〈問題〉　**この問題の絵はありません。**
※この課題は12名のグループで行う。あらかじめ行進曲を再生しておく。
①「タン」という音がしたら、音のした回数と同じ人数でグループになって、手をつないで座ってください（２～４人のグループを作り、数回行なう）。
②４人ずつのグループに分かれてください。１列になって音楽に合わせて行進してください。すれ違う時にはお友だちとハイタッチしましょう。
③ゾウさん、アシカさん、ウサギさん、フラミンゴさんのどれかに変身して歩きましょう。
④ケンパをしましょう。
⑤今からお手本のように、「なべなべそこぬけ」「アルプス一万尺」で手遊びをしましょう。
⑥２人か３人の仲間を作ってください。ジャンケン列車をします。

〈時間〉　適宜

〈解答〉　省略

［2020年度出題］

学習のポイント

集団で行われる行動観察の課題では、集団の中でお子さまがどのように振る舞うかが観られます。まずは先生の指示をしっかりと聞き、まじめに課題に取り組むことが大切です。「積極的」であることはプラスに評価されますが、無理にリーダーとして振る舞う必要はありません。自分がすべきことを把握し、役割を果たせれば、それで充分です。というのも、お子さまがどういう個性を持っているのかは、個別で行われる口頭試問で学校側はしっかり観ているからです。ですから、お子さまの「積極性」がかえって「わがまま」になっていないか、注意してください。思い通りにならなければ気が済まないという気質の子がグループに複数いた場合、ゲームが成立しなくなってしまいます。日頃から、家族とのコミュニケーションやお友だちとの遊びを通し、集団の中でのマナーやルールを自然に身に付けながら、人を尊重し、場合によっては自分の気持ちを抑えて、人と協力しあうことを学ばせましょう。

【おすすめ問題集】
Ｊｒ・ウォッチャー29「行動観察」

問題22　分野：保護者面接

〈準備〉　なし

〈問題〉　**この問題の絵はありません。**

（質問例）

【父親への質問】

・志望理由をお聞かせください。
・お子さまが学校から帰ってきた時、お友だちから無視され落ち込んでいる様子です。どのようにお子さまに対応されますか。
・当校に対して、何か希望がありましたらお話してください。また事前に伝えたいことがあればお話ください。
・お子さまの自慢をしてください。

【母親への質問】

・お子さまと接していて「すごい」と思った時はどんな時ですか。
・しつけでこれだけはしっかりできているというところはどんなことですか。
・どんなお子さまですか。
・最近いじめなど学校で色々なトラブルがある世の中になりました。当校に対して何か要望はありますか。
・体験入学が何度かありましたが、お子さまはどれが１番気に入っていましたか。

〈時間〉　適宜

〈解答〉　省略

［2020年度出題］

学習のポイント

当校の面接は保護者面接で、試験日前に行われます。面接時間は約15分。当校の面接の特徴としては、お子さまのことを聞かれることはもちろんですが、「いじめ」に対する考えなども質問されることです。ですから、両親が共通した教育観や倫理観を持っていることが非常に大切と言えるでしょう。ただ、難しい質問だからといって、難しい用語を使ったりする必要はありません。ふだんから使っている言葉で、しっかりと自分の考えを言えるようにしましょう。それ以外の質問では例年、体験入学などについて聞かれることが多いので、学校行事はかならず参加するようにしましょう。

【おすすめ問題集】

新 小学校受験の入試面接Ｑ＆Ａ、面接テスト問題集、面接最強マニュアル

問題11

☆近畿大学附属小学校

①

②

日本学習図書株式会社

2021年度　近畿大附属・帝塚山小　過去　無断複製／転載を禁ずる

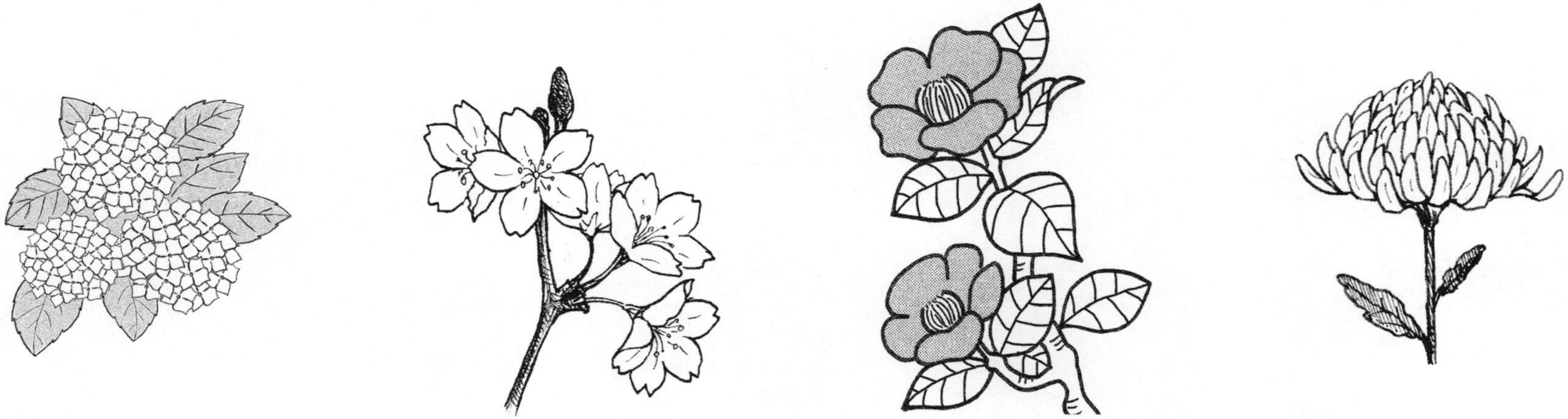

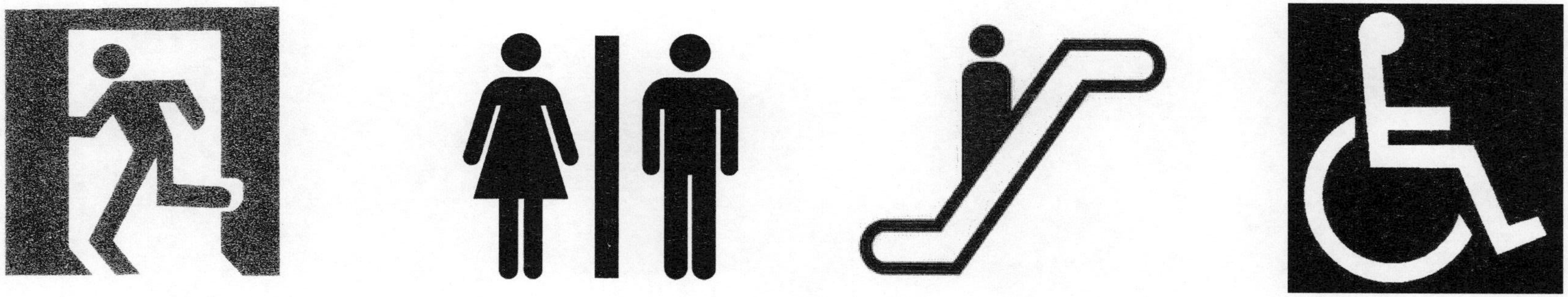

☆近畿大学附属小学校

2021 年度　近畿大附属・帝塚山小　過去　無断複製／転載を禁ずる　　日本学習図書株式会社

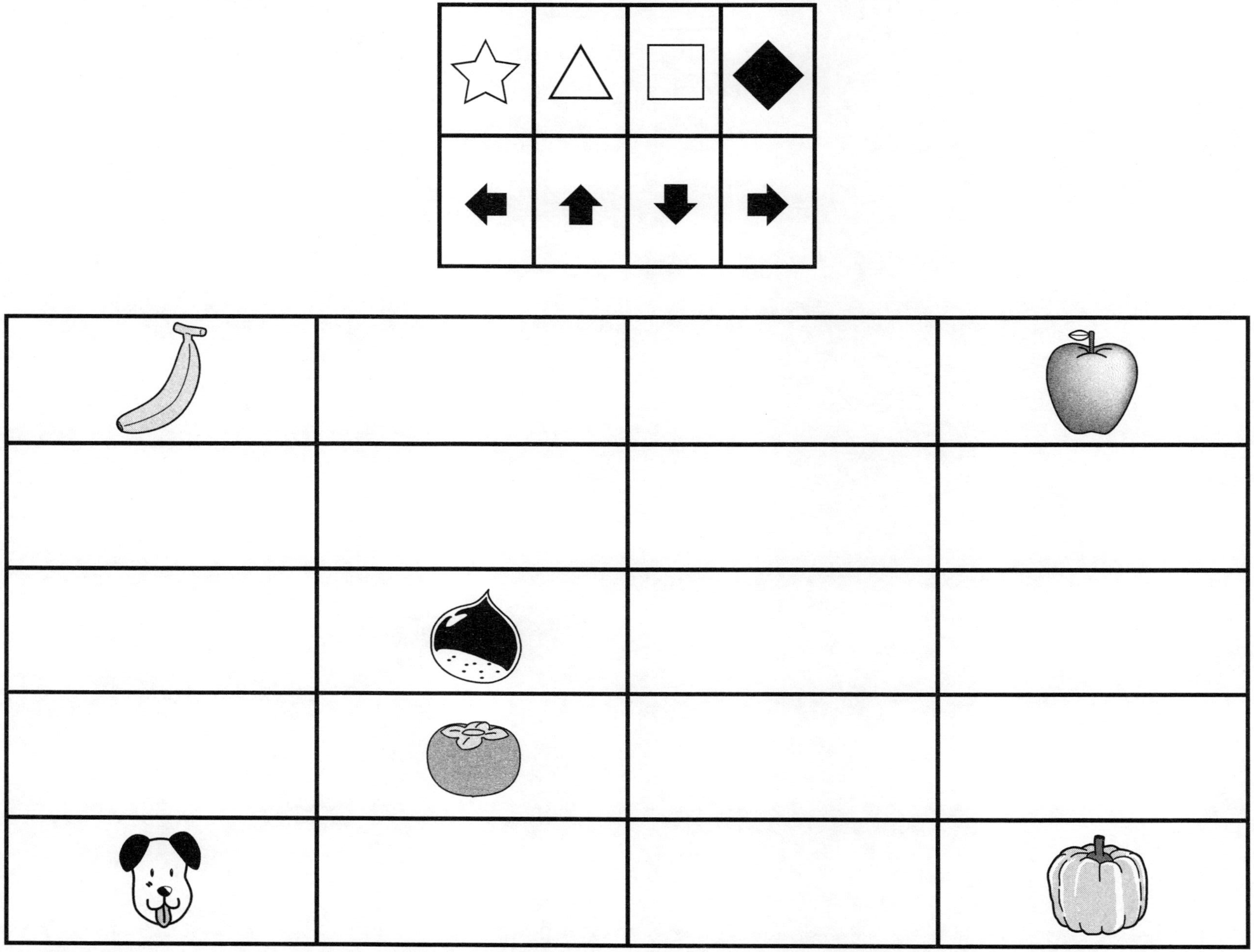

問題１３

☆近畿大学附属小学校

①

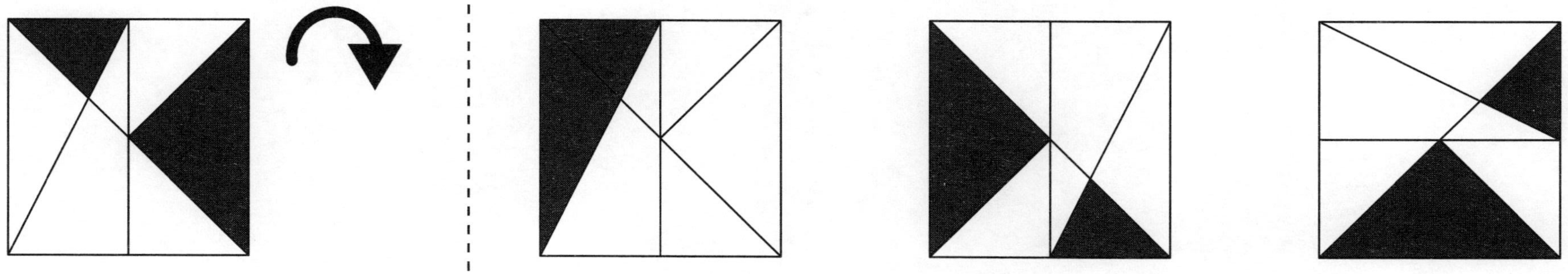

②

☆近畿大学附属小学校

問題１４

①

②

☆近畿大学附属小学校

2021年度　近畿大附属・帝塚山小　過去　無断複製／転載を禁ずる　日本学習図書株式会社

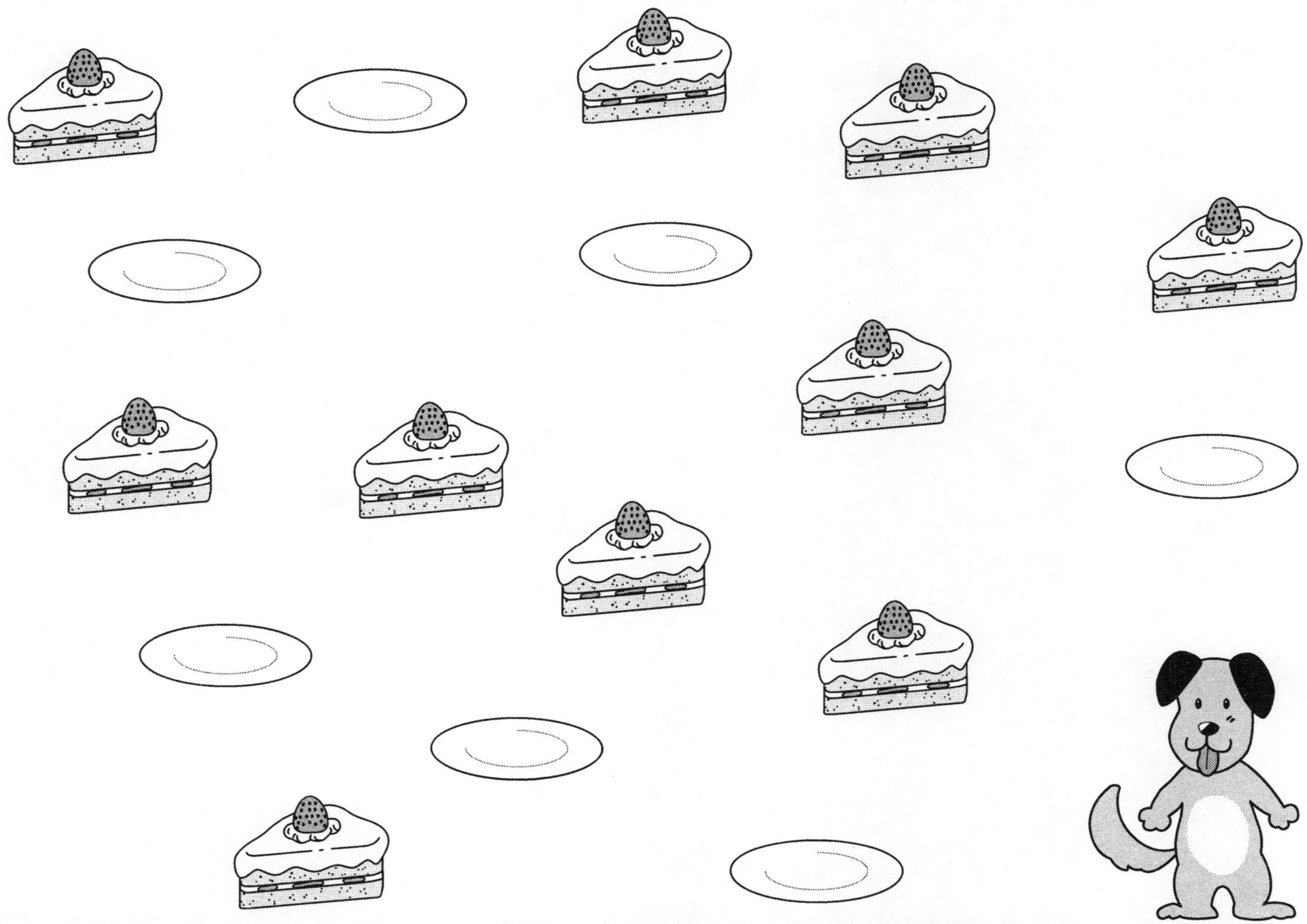

☆近畿大学附属小学校

問題１６

①

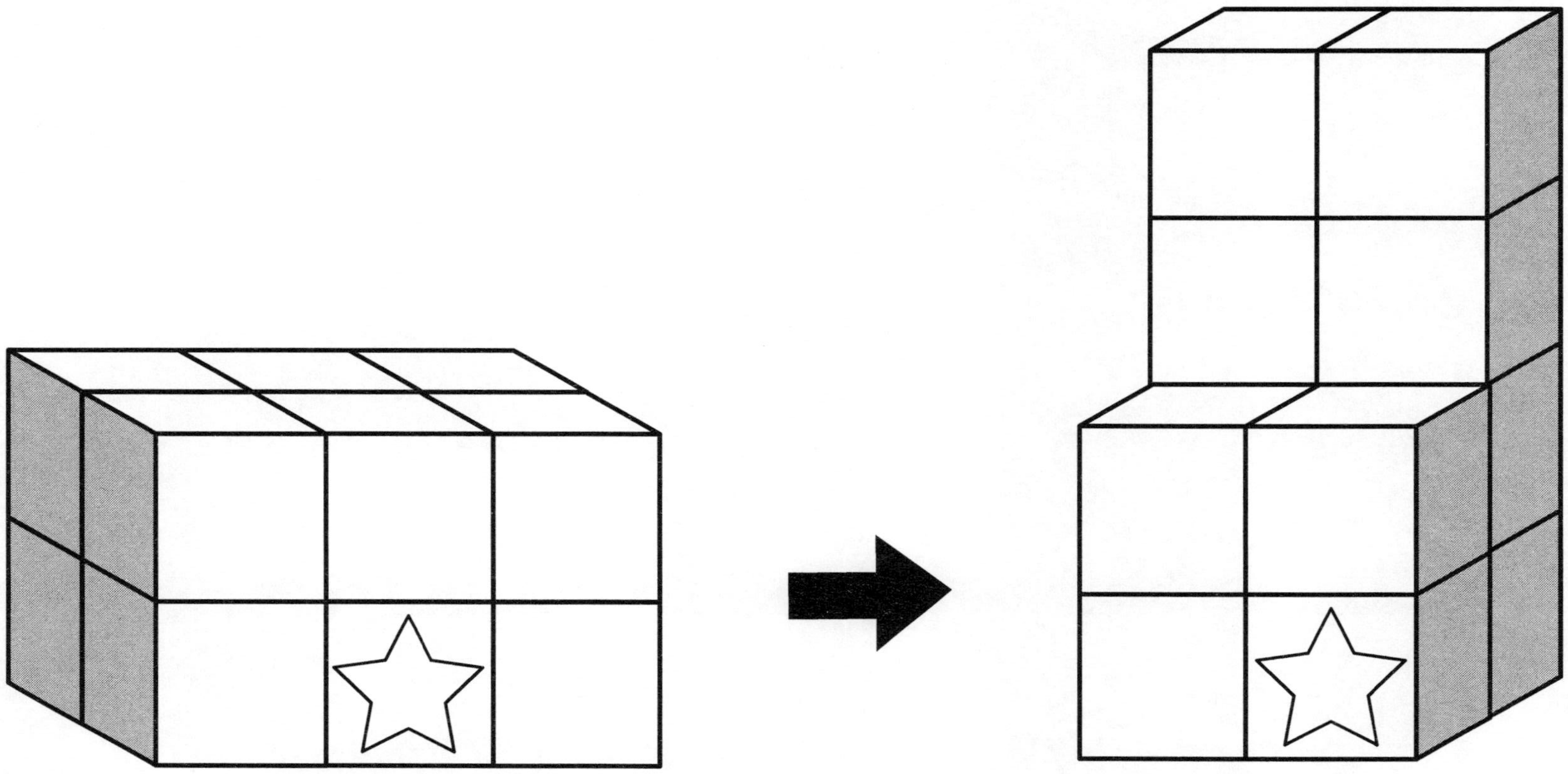

日本学習図書株式会社

問題１７

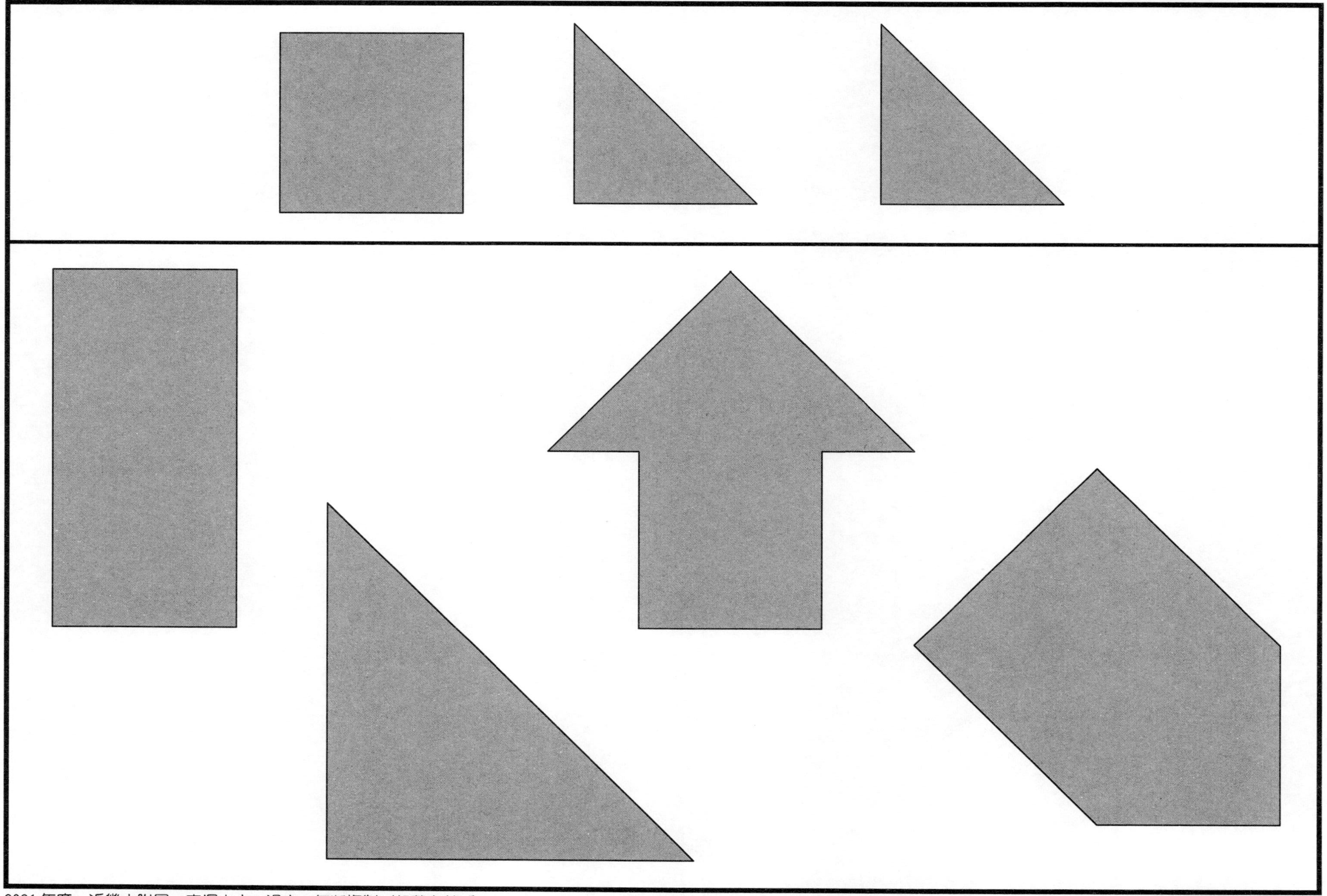

日本学習図書株式会社

問題18

①

②

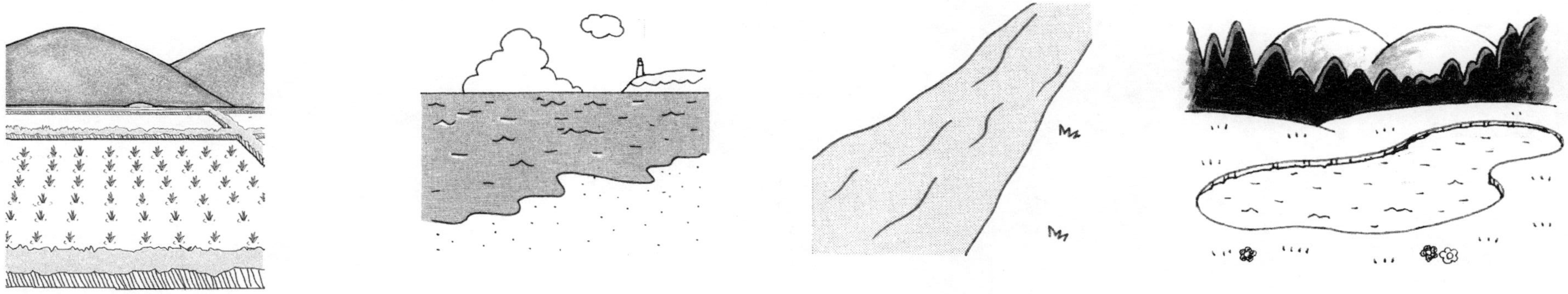

③

日本学習図書株式会社

問題１９－１

☆近畿大学附属小学校

2021年度　近畿大附属・帝塚山小　過去　無断複製／転載を禁ずる　日本学習図書株式会社

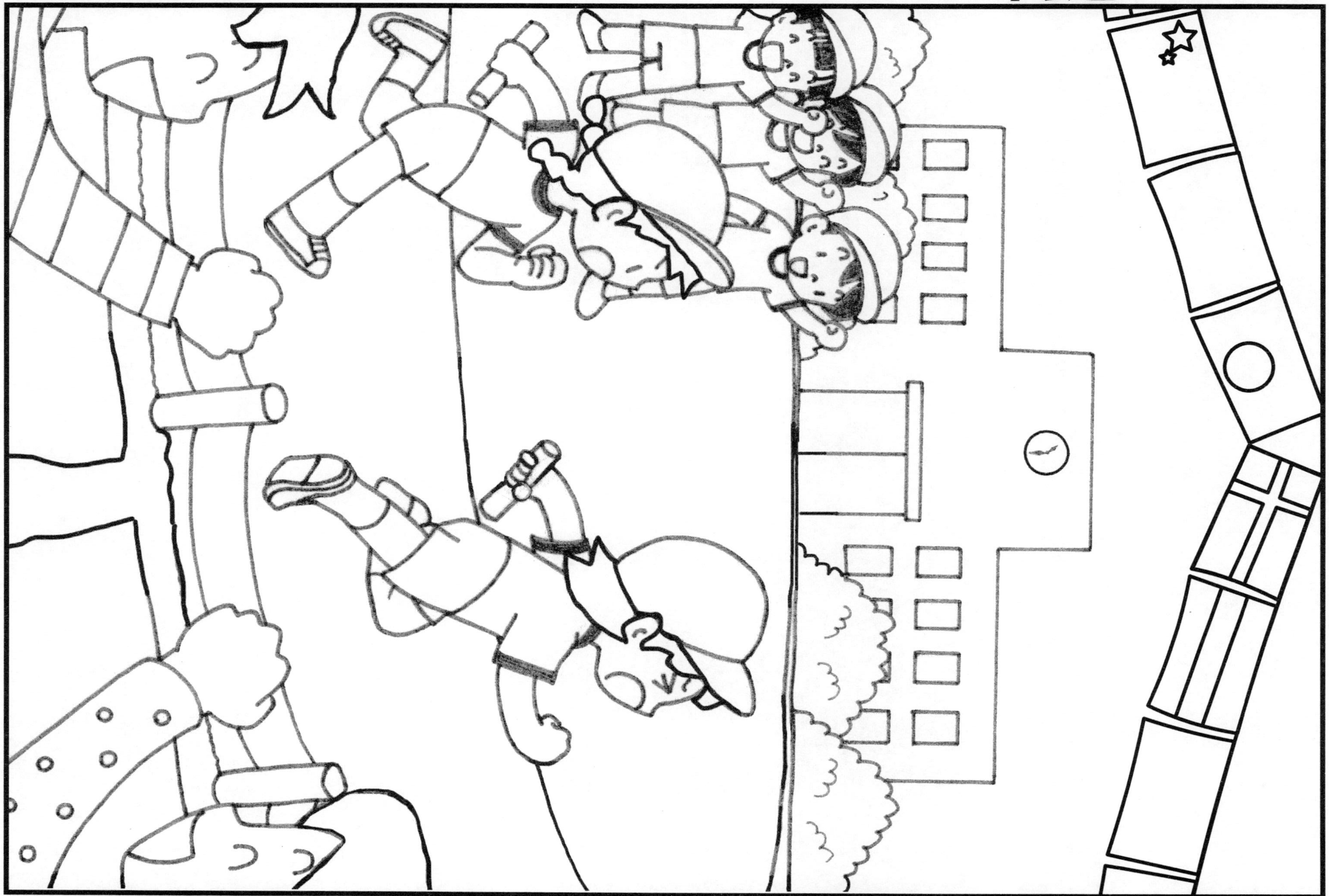

近畿大学附属小学校　専用注文書

年　月　日

合格のための問題集ベスト・セレクション

＊入試頻出分野ベスト３

1st 常識	2nd お話の記憶	3rd 数量
知識　観察力	聞く力　集中力	思考力　集中力

１つのお話のストーリーに沿って、多分野の問題が連続して出題されます。特に、理科、生活常識、公共のマナーなど、常識分野は幅広い知識が必要な問題が出題されているので注意してください。

分野	書名	価格(税込)	注文	分野	書名	価格(税込)	注文
図形	Ｊｒ．ウォッチャー3「パズル」	1,650円	冊	数量	Ｊｒ．ウォッチャー39「たし算・ひき算2」	1,650円	冊
図形	Ｊｒ．ウォッチャー4「同図形探し」	1,650円	冊	図形	Ｊｒ．ウォッチャー46「回転図形」	1,650円	冊
推理	Ｊｒ．ウォッチャー6「系列」	1,650円	冊	推理	Ｊｒ．ウォッチャー47「座標の移動」	1,650円	冊
図形	Ｊｒ．ウォッチャー9「合成」	1,650円	冊	図形	Ｊｒ．ウォッチャー53「四方からの観察ー積み木編ー」	1,650円	冊
常識	Ｊｒ．ウォッチャー12「日常生活」	1,650円	冊	図形	Ｊｒ．ウォッチャー54「図形の構成」	1,650円	冊
数量	Ｊｒ．ウォッチャー14「数える」	1,650円	冊	常識	Ｊｒ．ウォッチャー56「マナーとルール」	1,650円	冊
記憶	Ｊｒ．ウォッチャー19「お話の記憶」	1,650円	冊		1話5分の読み聞かせお話集①②	1,980円	各　冊
巧緻性	Ｊｒ．ウォッチャー23「切る・貼る・塗る」	1,650円	冊		お話の記憶　中級編	2,200円	冊
巧緻性	Ｊｒ．ウォッチャー25「生活巧緻性」	1,650円	冊		新 個別テスト・口頭試問問題集	2,750円	冊
観察	Ｊｒ．ウォッチャー29「行動観察」	1,650円	冊		新 運動テスト問題集	2,420円	冊
常識	Ｊｒ．ウォッチャー30「生活習慣」	1,650円	冊		新 小学校受験の入試面接Q＆A	2,860円	冊
常識	Ｊｒ．ウォッチャー34「季節」	1,650円	冊		新 願書・アンケート文例集500	2,860円	冊
数量	Ｊｒ．ウォッチャー37「選んで数える」	1,650円	冊		面接最強マニュアル	2,200円	冊
数量	Ｊｒ．ウォッチャー38「たし算・ひき算1」	1,650円	冊				

合計	冊	円

（フリガナ） 氏　名	電　話 ＦＡＸ E-mail
住 所 〒　　－	以前にご注文されたことはございますか。 有 ・ 無

★お近くの書店、または記載の電話・FAX・ホームページにてご注文をお受けしております。
電話：03-5261-8951　FAX：03-5261-8953　代金は書籍合計金額＋送料がかかります。
※なお、落丁・乱丁以外の理由による商品の返品・交換には応じかねます。
★ご記入頂いた個人に関する情報は、当社にて厳重に管理致します。なお、ご購入の商品発送の他に、当社発行の書籍案内、書籍に関する調査に使用させて頂く場合がございますので、予めご了承ください。

日本学習図書株式会社
http://www.nichigaku.jp

〈帝塚山小学校〉

※問題を始める前に、本文1頁の「本書ご使用方法」「ご使用にあたっての注意点」をご覧ください。

※本校の考査は、鉛筆を使用します。間違えた場合は訂正の印（×）で訂正し、正しい答えを書くよう指導してください。

**保護者の方は、別紙の「家庭学習ガイド」「合格ためのアドバイス」を先にお読みください。
当校の対策および学習を進めていく上で、役立つ内容です。ぜひ、ご覧ください。**

2021年度の最新問題

問題23　分野：言語（言葉の音遊び）

〈準備〉　鉛筆

〈問題〉　左側の見本の絵と言葉の字数が違うものはどれですか。選んで○をつけてください。

〈時間〉　各10秒

問題24　分野：図形（重ね図形）

〈準備〉　鉛筆

〈問題〉　左側の２つの絵を重ねると右側の絵のどれになりますか。選んで○をつけてください。

〈時間〉　１分

問題25　分野：数量（選んで数える）

〈準備〉　鉛筆

〈問題〉　お手本と同じものを作ります。いくつ作ることができますか。作れる数と同じサイコロの目に○をつけてください。

〈時間〉　30秒

問題26　分野：推理（系列）

〈準備〉　鉛筆

〈問題〉　約束に従ってものがならんでいます。四角いところにちょうどよいものを、右側の絵から選んで○をつけてください。

〈時間〉　各20秒

問題27　分野：推理（迷路）

〈準備〉　鉛筆

〈問題〉　上の四角の中のお約束を見てください。★のところからお約束の通りにたどっていくと、どの図形にたどり着きますか。選んで○をつけてください。

〈時間〉　30秒

問題28　分野：お話の記憶

〈準備〉　鉛筆

〈問題〉　これからお話をします。よく聞いて後の質問に答えてください。

今日はよく晴れて暖かい日です。お母さんは「洗濯物がよく乾くわ」と言いながら洗濯物を干していました。お家の中のお仕事が終わると、お買い物と用事でお母さんがお出かけしたので、みっちゃんととも君は、お留守番をしています。２人はゲームをやったり、おもちゃで遊んだりしていましたが、遊んだもののお片づけをして、２人は外でボールで遊んでいました。夢中で遊んでいた２人は曇ってきたことに気が付きませんでした。とも君が「お空が曇ってきたよ」と言うのでみっちゃんは空を見ると、雲が出てきていました。
２人はお家に入って、洗濯物を取り込みました。洗濯物は乾いてフカフカで、とてもいい匂いがしました。みっちゃんととも君は、２人で洗濯物をたたみ、きれいに片づけました。
お母さんは用が済むと急いで帰りました。途中の八百屋さんでニンジン、タマネギ、ジャガイモ、キュウリとトマトを買い、お肉屋さんに立ち寄りお肉を買いました。お母さんは２人がお留守番をしてくれているので、夕飯は２人とも大好きなカレーライスにしようと考えて買い物をしたのです。帰る途中、空が曇ってきたので、洗濯物が気になりましたが、最後に２人のおやつにケーキを買って、急ぎ足でお家に帰りました。
お家に帰ったお母さんはびっくりしました。洗濯物がきれいに片づいていました。２人で洗濯物を取り込み、たたんだものは片づけてくれていました。お母さんは大喜びで、２人はお母さんにとても褒められました。

（問題28の絵を渡す）

①とも君はどんなお手伝いをしましたか。１番上の絵から探して、その絵に○をつけてください。
②乾いた洗濯物を畳んで何処に片づけたと思いますか。上から２段目の絵から探して、○をつけてください。
③お母さんが出かけるときはどんな天気でしたか。上から３段目の絵から探して、○をつけてください。
④お母さんに褒められた時、みっちゃんとともくんはどんな顔になったと思いますか。一番下の絵から探して、その絵に○をつけてください。

〈時間〉　約10分

問題29　分野：口頭試問（個別）

〈準 備〉　なし

〈問 題〉　（志願者と先生の１対１で行われる。）
・あなたのお名前を教えてください。
・今日は誰といっしょにここに来ましたか。
・お家からここまでどうやって来たか、道のりを教えてください。
・幼稚園は何という名前ですか。
・幼稚園のお友だちとはどんな遊びをしますか。
・好きな遊びは何ですか。
（問題27の絵を見せる）
・この絵を見て、気がついたことを話してください。
・釣り遊びをしたことはありますか。
・どんな遊びが好きですか。。

〈時 間〉　適宜

問題30　分野：口頭試問（集団）

〈準 備〉　５名程度で１つのグループになる。

〈問 題〉　（問題28の絵を見せる）
この絵を見て話しましょう。思ったことや考えたことを、手を挙げてから話しましょう。

〈時 間〉　適宜

問題31　分野：運動

〈準 備〉　なし

〈問 題〉　**この問題の絵はありません。**
【課題１】これからお手本を見せます。よく見て覚えてください。
（マーチのリズムの音楽が流れる）
・スキップ
・ケンパーをする。「パー・ケン（左）・パー・ケン（左）・ケン（左）・パー・ケン（右）・ケン（右）・パー」

【課題２】的あて
３メートル離れた的に向かってボールを投げる。３回。

【課題３】なわとび
床に置かれたなわを拾い、前跳びを５回する。

【課題４】動物に変身
カニさん・クマさん・カエルさんの中で、好きな動物の歩き方をまねしてください。

〈時 間〉　適宜

問題32　分野：保護者面接

〈準　備〉　なし

〈問　題〉　**この問題の絵はありません。**

（質問例）

【父親への質問】

・志望理由をお聞かせください。
・体験入学や説明会の印象を教えてください。
・子どもの名前の由来を教えてください。
・どんなお子さまですか。
・どのような大人になってほしいですか。
・お仕事がお休みの日は、どのようにお子さまと過ごされていますか。

【母親への質問】

・体験入学や説明会の印象を教えてください。
・今、幼稚園や保育園で子どもが興味を持っているのはなんですか。
・アレルギーはありますか。
・幼稚園や保育園ではどのようなことで褒められますか。
・しつけで気を付けていることを聞かせてください。
・自宅から最寄り駅までどれぐらいかかりますか。

〈時　間〉　適宜

〈解　答〉　省略

学習のポイント

当校の面接は、面接官が２名で、約10分間行われました。父親・母親によって質問内容が変わっていますが、それぞれが答える時に、２人に共通する教育観などを学校側に見せられるとよいでしょう。ここでお互いがまったく違う意見を言うと、お子さまについて話し合っていないという印象を与えかねません。質問内容はほぼ決まっていますが、例年、体験入学や説明会の印象を聞かれることがあるので、必ず参加するようにしましょう。面接の雰囲気ですが、面接官は２人とも質問に対して、メモを細かく取ります。何を書かれているかわからないという緊張感がありますが、いいように観られようと、付け焼き刃的に身に付けた難しい言葉で答えずに、使い慣れた自分の言葉で答えることがポイントです。

【おすすめ問題集】

新 小学校受験の入試面接Ｑ＆Ａ、面接最強マニュアル

問題23

☆帝塚山小学校

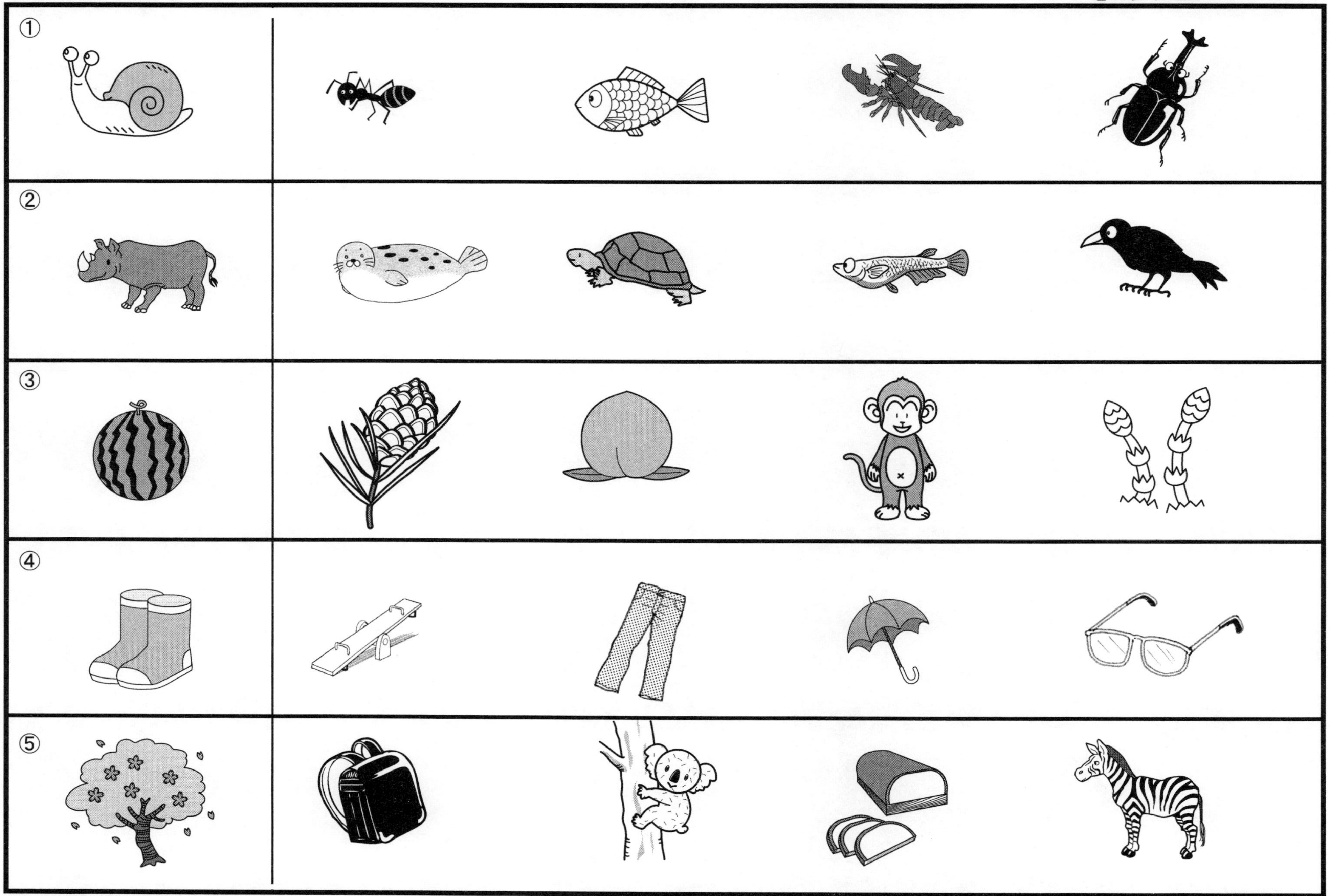

日本学習図書株式会社

☆帝塚山小学校

問題２４

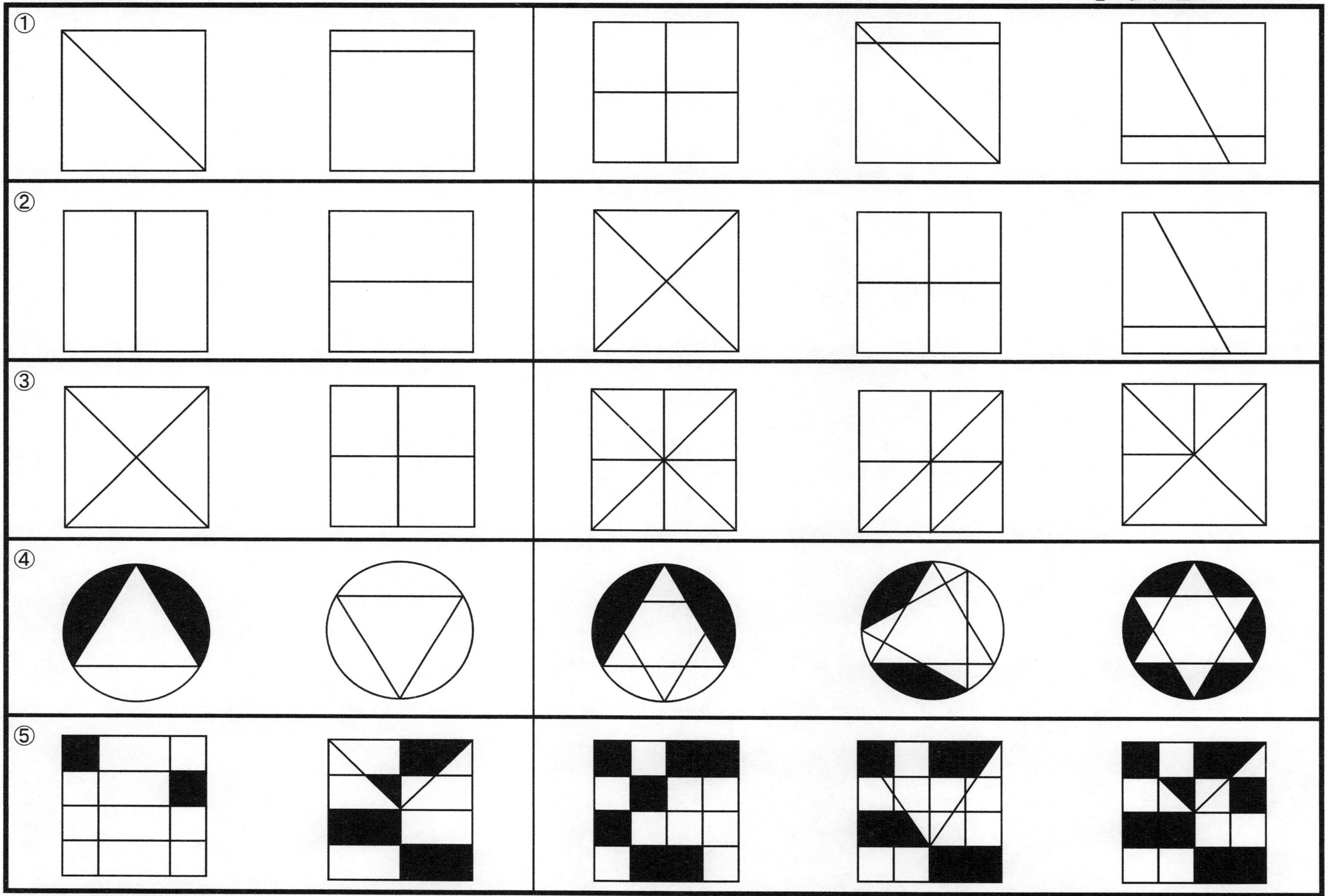

☆帝塚山小学校

2022 年度　近畿大附属・帝塚山小　過去　無断複製／転載を禁ずる　日本学習図書株式会社

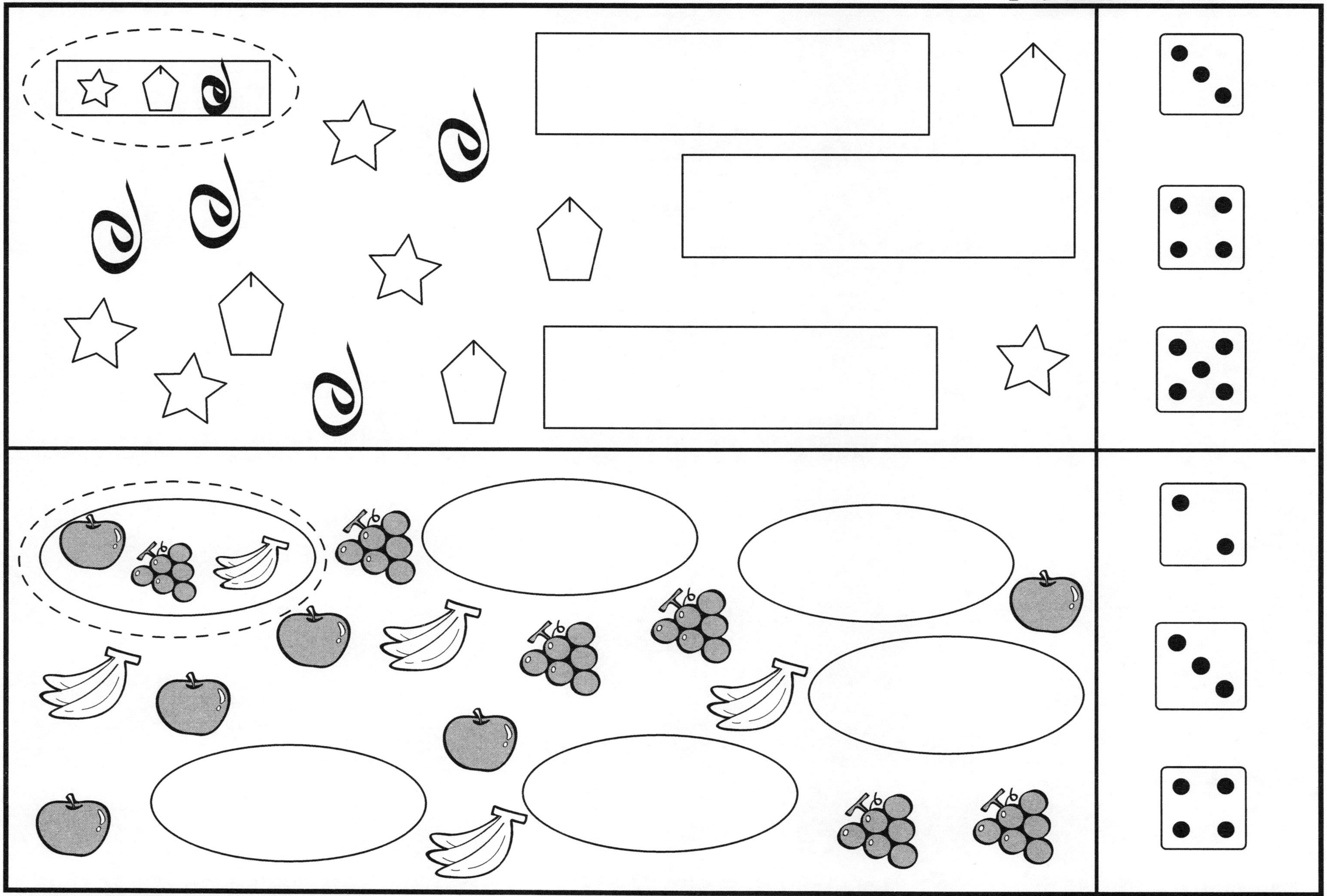

問題２５－２

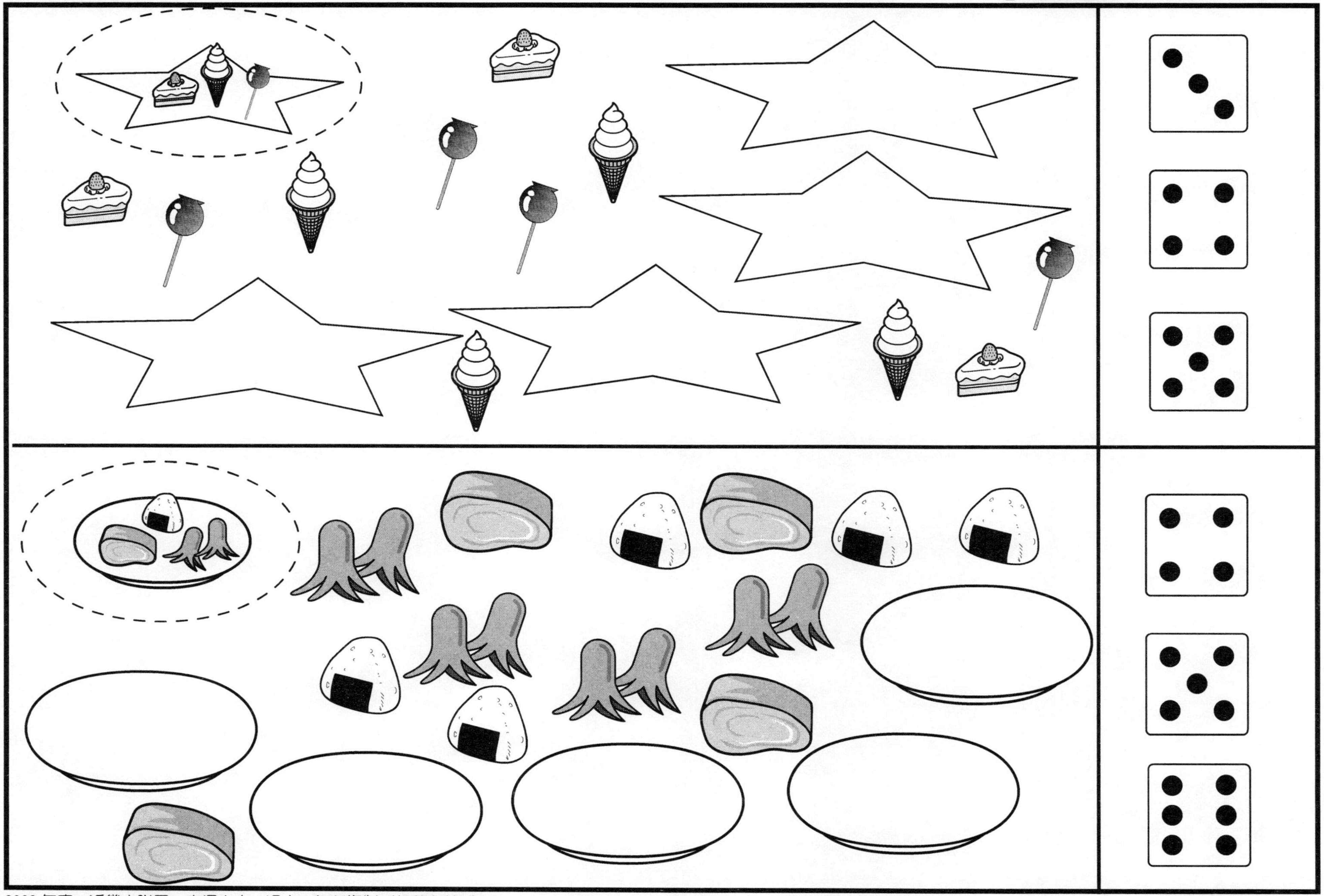

☆帝塚山小学校

問題２６

①

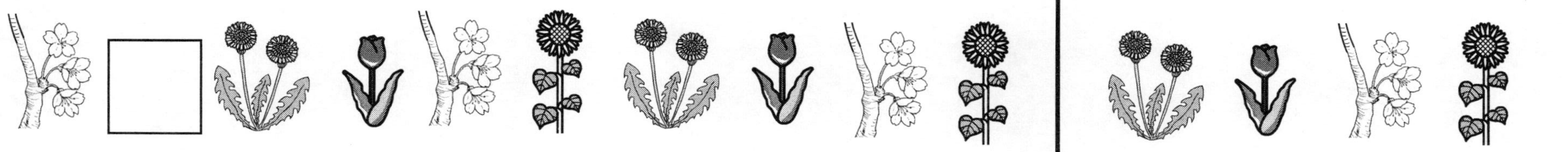

②

③

④

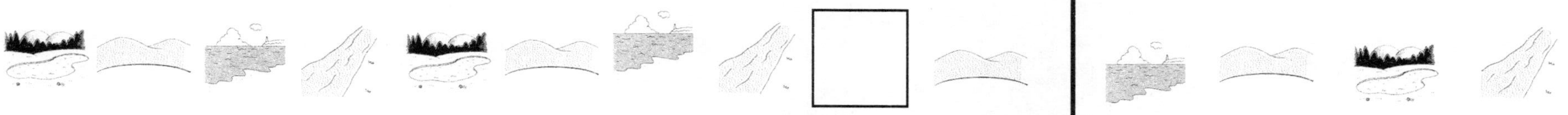

☆帝塚山小学校

問題２７

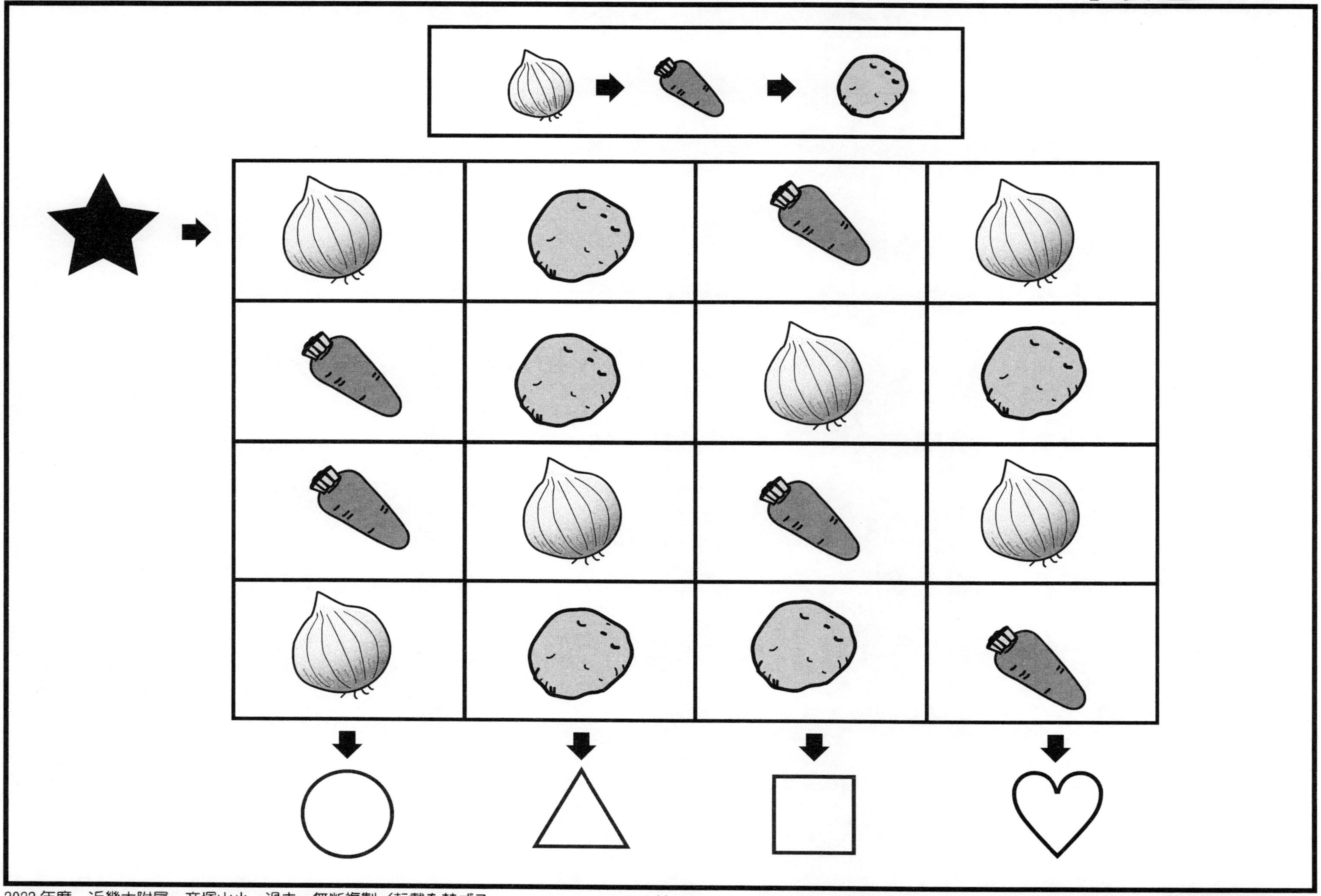

☆帝塚山小学校

問題２８

①

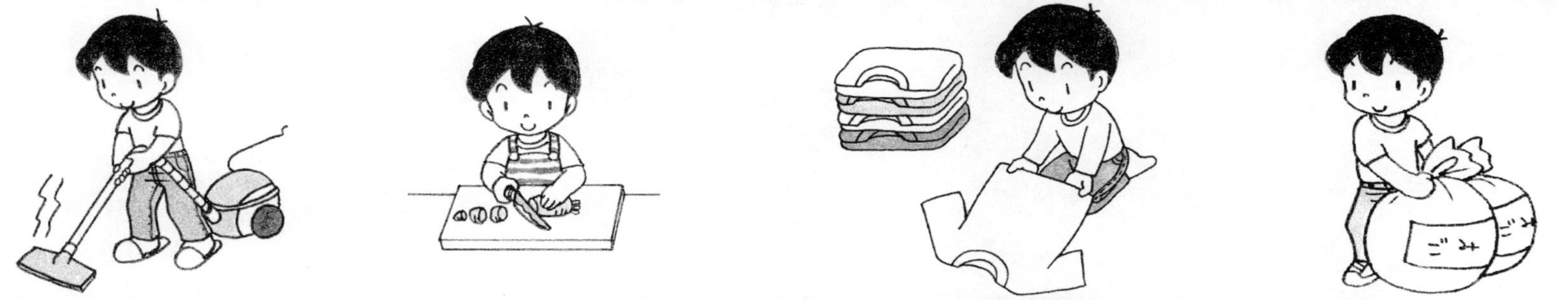

②

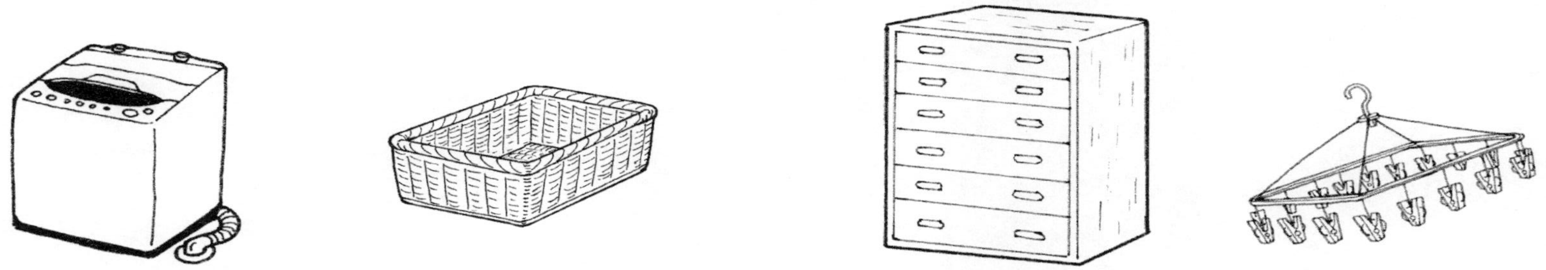

③

④

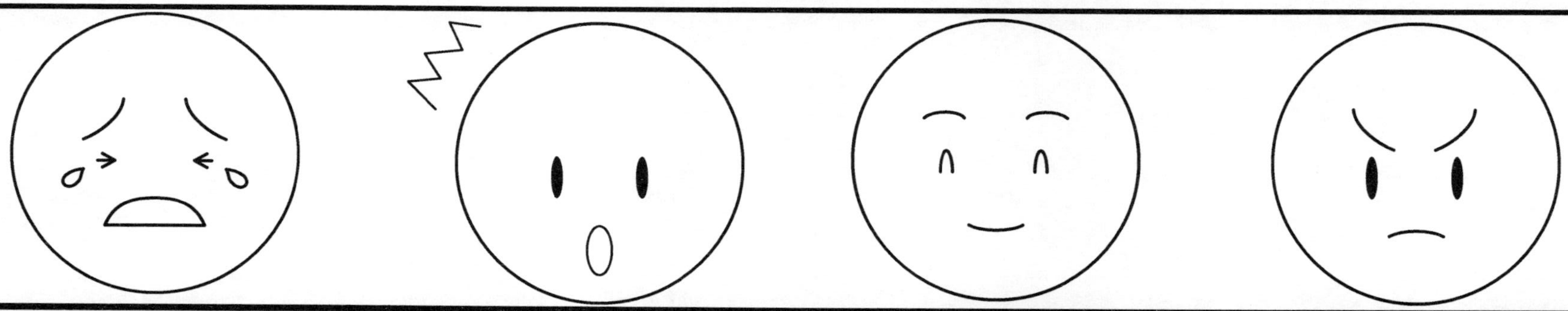

問題２９

☆帝塚山小学校

問題３０

2021年度入試
解答例・学習アドバイス

解答例では、制作・巧緻性・行動観察・運動といった分野の問題の答えは省略しています。こうした問題では、各問のアドバイスを参照し、保護者の方がお子さまの答えを判断してください。

問題23　分野：言語（言葉の音遊び）

〈解 答〉　①右端　②左端　③左から２番目　④左から２番目　⑤右から２番目

言葉に関する問題は、当校では毎年出題されています。この問題は、言葉の音数が違うものを探す仲間はずれです。ただし、出題者の先生は「字数が違うものを探しましょう」とおっしゃったそうなので、「字数」といわれてもわかるようにしておきましょう。出てくるものの名前の文字数を比べて、仲間はずれを見つけるところに、この問題の面白さと難しさがあります。

解答時間は１問10秒ですから、指を折って数える時間はありません。頭の中でものの名前を思い浮かべると同時に、文字数がひらめくように練習するとよいでしょう。文字数は、文字を覚えていなくても、リズムよく覚えることができます。たとえば「スズメ」なら、１文字ずつ手をたたきながら「ス、ズ、メ」と発音してみればよいのです。手をたたいた数がその言葉の文字数です。「カブトムシ」や「マツボックリ」などの長い言葉も、このやり方なら楽しく簡単に数えることができます。

【おすすめ問題集】

Ｊｒ・ウォッチャー17「言葉の音遊び」、18「いろいろな言葉」

問題24　分野：図形（重ね図形）

〈解 答〉　①真ん中　②真ん中　③左　④左　⑤右

図形分野は頻出分野です。当校でも毎年工夫をこらしたさまざまな出題がされています。重ね図形はよく出題されるタイプの問題ですから、よく練習しておけば問題なく解答できるものです。重ねる前の図形をよく見て、頭の中で重ねてみるのですが、複雑なものになった時は、大まかに見当をつけて選んだ上で、もとの図形と細かいところをよく見比べて確認するとよいでしょう。

当校の問題作成の特徴でもありますが、小問はやさしいものから順にだんだん難しくなるように並べてあります。これはお子さまの本当の力を引き出すための仕掛けでもありますから、難しい問題でもくじけずに挑戦してみてください。

【おすすめ問題集】

Ｊｒ．ウォッチャー35「重ね図形」

問題25　分野：数量（選んで数える）

〈解 答〉　①４の目　②４の目　③３の目　④４の目

お手本と同じセットがいくつできるかを答える問題です。いちばん数が少ないものの数だけセットができることに気付けば、素早く解答できるでしょう。ひき算の問題としても考えることができます。どちらのやり方でも、基本となるのは同じものが何個ずつあるのか、素早く見て数える能力です。ばらばらに配置されているものの見落としがないように、正確に数える練習をしましょう。

【おすすめ問題集】
　Ｊｒ・ウォッチャー14「数える」、37「選んで数える」

問題26　分野：推理（系列）

〈解 答〉　①右端　②左端　③右から２番目　④右から２番目

並んでいるものがどういう順番で並んでいるのか、規則を見つけて空欄にあてはまるものを答える問題です。並び順の規則と答えに絵が並んでいる順番は違いますから、戸惑ってあわてないようにしましょう。系列の問題は、規則さえ見つけられれば答えはすぐに見当がつけられるものがほとんどです。問題をよく見て、繰り返しのパターンが規則的に出ているかどうか、確かめてから答えるとよいでしょう。

【おすすめ問題集】
　Ｊｒ．ウォッチャー６「系列」

問題27　分野：推理（迷路）

〈解 答〉　下図参照

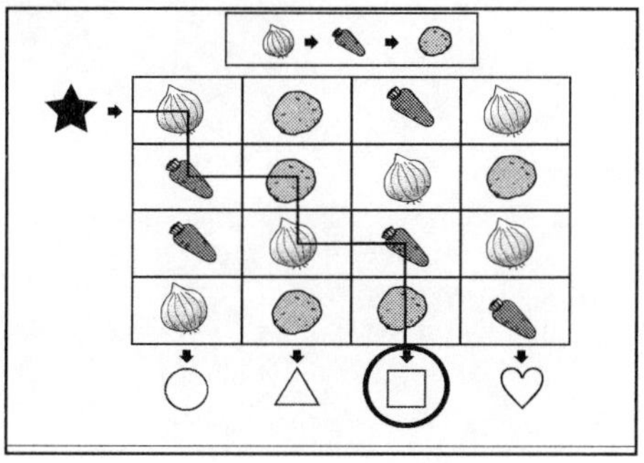

条件迷路は、系列と同じように、約束に示された規則を迷路の中に見つけてたどっていくものです。小学生以上向けのパズルブックなどでもよく見かけるものですから、楽しく遊びながら練習できる分野と言えるでしょう。とはいえ、決められた約束の通りに迷路をたどる動作をしなくてはなりませんから、繰り返し出てくる並び順を頭の中に置いて絵を探していくのがコツです。おすすめ問題集を活用して、繰り返し楽しく練習しましょう。

【おすすめ問題集】

Ｊｒ・ウォッチャー６「系列」、７「迷路」

問題28　分野：お話の記憶

〈解 答〉　①右から２番目　②右から２番目　③左端　④右から２番目

当校のお話の記憶で読まれる文章は、これまでずっと800字程度と標準的な長さでしたが、2022年度のお話は５分以上の長いものの読み聞かせになるという発表がありました。この2021年度の出題では、長さはまだ標準的なものですが、質問される内容については、単なる記憶ではなく、話された内容から想像して答えることが重要なカギとなります。特に登場人物の気持ちを想像し、それを表す表情の絵を選んで答える問題は、例年の出題内容でもありますが、それだけ当校が言葉で表していない気持ちを、状況から察して表現する年齢相応の他者に対する想像力を重視しているということでもあります。ぜひ毎日の読み聞かせの中で、「この時どんな気持ちだったのかな？」「どんな気持ちでこういったのかな？」といった質問をして、物語を深掘りして楽しむ習慣をつけておきましょう。

【おすすめ問題集】

１話５分の読み聞かせお話集①②、お話の記憶 初級編・中級編・上級編、
Ｊｒ・ウォッチャー19「お話の記憶」

問題29　分野：口頭試問（個別）

当校の口頭試問のうち、担当者と１対１の口頭試問では、名前や年齢、家族についてなど、基本的な受け答えの様子を見ます。そして絵を見ながら、感じたことや考えたことを話す、という順番になります。学校は家での躾や大人と話す時の態度を、話の様子を通して見ています。ですから、きちんと返事をすることや、相手の目を見て話をすること、慌てずに落ち着いて話すことが大切です。自分の感じたことや考えたことを質問することは学校側が発表していることです。事前に準備された答えではなく、自分の言葉で表現できるよう、日頃から言葉で表す機会を積極的に作っていくとよいでしょう。

【おすすめ問題集】
新 口頭試問・個別テスト問題集、面接テスト問題集

問題30　分野：口頭試問（集団）

集団での口頭試問では、ほかのお子さまの話をきちんと聞けるかどうか、はしゃぎすぎたり目立とうとしすぎたりしないか、といった年齢相応の協調性と、自分の考えを発言する積極性が見られています。引っ込み思案なお子さまでも、がんばって手を挙げられるように練習してみましょう。また、元気なお子さまは、元気すぎて悪目立ちすることのないよう、大声の返事などはせず、はきはきと手を挙げる練習をしましょう。また、このテストの中で、生活習慣や日常動作が身についているかどうかも観られます。集団だからといって気を緩めず、きちんとした姿勢で、まじめに受け答えすることが大切です。

【おすすめ問題集】
Ｊｒ・ウォッチャー29「行動観察」

問題31　分野：運動

当校の運動の課題では、基本的な運動能力に加え、リズム感や表現力も見ています。ただし、学校が１番重視するのは、取り組む姿勢です。失敗しても前向きに諦めずに続ける意欲とショックをひきずらない切り替えの早さが大切です。課題を１つひとつ真面目に取り組めば、年齢相応の運動ばかりですので、楽しくできるようになると思います。

【おすすめ問題集】
新運動テスト問題集、Ｊｒ・ウォッチャー28「運動」

問題32　保護者面接

当校の面接は、面接官が２名で、約10分間行われました。父親・母親によって質問内容が変わっていますが、それぞれが答える時に、２人に共通する教育観などを学校側に見せられるとよいでしょう。ここでお互いがまったく違う意見を言うと、お子さまについて話し合っていないという印象を与えかねません。質問内容では例年、体験入学や説明会の印象を聞かれることがあるので、必ず参加するようにしましょう。面接の雰囲気ですが、面接官は２人とも質問に対して、メモを細かく取ります。何を書かれているかわからないという緊張感がありますが、いいように観られようと、付け焼き刃的に身に付けた難しい言葉で答えずに、使い慣れた自分の言葉で答えることがポイントです。

【おすすめ問題集】

新 小学校受験の入試面接Ｑ＆Ａ、面接最強マニュアル

2020年度の過去問題

問題33　分野：言語（頭音つなぎ）

〈準 備〉　鉛筆

〈問 題〉　左側の四角の絵の最初の言葉をつなげてできるものを右の四角から選んで○をつけてください。

〈時 間〉　１分

〈解 答〉　①右（サカナ）　②左（スズメ）　③真ん中（カモメ）
④左端（カマボコ）　⑤右から２番目（アザラシ）

［2020年度出題］

学習のポイント

この問題は、左の四角の絵の最初の音（おん）をつないで、できる言葉を選ぶ「頭音つなぎ」という問題です。問題の絵を見ると、お子さまが日常生活を年齢相応に過ごしていれば、それが何か答えられるものがほとんどです。もし問題を間違えるのならば、「最初の言葉をつなげてできる」という意味を理解できていないからでしょう。例えば①ですが、左の四角に「カラス」「サル」「ながぐつ」があります。最初の言葉とは「カラス」の「カ」、「サル」の「サ」、「ながぐつ」の「ナ」で、これを組み合わせてできる言葉が「サカナ」です。こうやって説明してもお子さまがわからなかったのならば、実際に、声に出してみましょう。そうすると「カ・ラ・ス」と口を３回動かすことがわかります。この口の動きこそが言葉の音（おん）です。その最初に発した言葉の音（おん）を組み合わせて言葉を探してみましょう、と指導をしてあげてください。

【おすすめ問題集】

Ｊｒ・ウォッチャー17「言葉の音遊び」、60「言葉の音（おん）」

問題34　分野：図形（回転図形）

〈準 備〉　鉛筆

〈問 題〉　左側の絵を矢印の方向に１つ回転させるとどうなりますか。右の絵から正しいものに○をつけてください。

〈時 間〉　１分

〈解 答〉　①右端　②左から２番目　③左から２番目　④右から２番目　⑤左端

［2020年度出題］

学習のポイント

図形分野の問題は頻出なので、どの問題が出ても答えられるように幅広い学習をしておきましょう。ここでは、矢印の方向に回転するとどうなるか、推測する「回転図形」の問題です。ここで観られているのは、回転した後の図形をイメージできているかどうかです。このイメージする力のことを「図形を操る」と言いますが、これは実物を使った学習を何回も繰り返していかないと身に付かないものです。ですので、まずは実物を使った学習をしてみましょう。例えば、問題同様の図形を紙に書いて、それを問題通り１回転させていくと答えがわかります。こういった学習を繰り返して行っていけば、次にペーパー形式の問題に切り替えても自然と図形を操れるようになっていきます。また、「回転図形」の問題の１回転とは一般的に、「90度傾かせる」という意味です。

【おすすめ問題集】

Ｊｒ・ウォッチャー46「回転図形」

問題35　分野：推理（比較）

〈準備〉　鉛筆

〈問題〉　水の入った容器に角砂糖を入れます。この中で１番甘くなる容器はどれですか。○をつけてください。

〈時間〉　30秒

〈解答〉　右から２番目

［2020年度出題］

学習のポイント

絵の容器の大きさが同じなので、水位が低いものは水の量が少なく、水の量が同じであれば、砂糖の数が多いものが甘くなります。これらのことを考えていくと、砂糖の数が右から２番目と同じもので、水の量が多い、左端はまず正解から外れます。そのほかの容器の水の量を考えてみると、右端は右から２番目の容器の約２倍になります。水の量を同じにして考えると比べやすくなるので、右から２番目の水の量と砂糖の数を２倍にして見てみると、右端が正解から外れます。同様の方法で左から２番目と比べてみると、右から２番目が正解ということになります。このように言葉で説明しても、理解するのは難しいかもしれません。そのため、実際に体験することが理解を深める１番の方法です。実際に砂糖を使ってもよいのですが、目に見える方がわかりやすいので、絵の具などを使って水の色の濃さで甘さを表してみてください。水の量と砂糖の数（絵の具の量）の関係が感覚としてつかめるようになります。

【おすすめ問題集】

Ｊｒ・ウォッチャー15「比較」、27「理科」、55「理科②」、58「比較②」

問題36　分野：推理（迷路）

〈準　備〉　鉛筆

〈問　題〉　上の四角の中のお約束を見てください。このお約束どおりに「★」からたどっていくと、どの記号に着きますか。正しいと思う記号に○をつけてください。

〈時　間〉　20秒

〈解　答〉　○：□

［2020年度出題］

学習のポイント

この問題は上の条件に従ってマスを進んでいくと、どの記号にたどり着くかという問題です。ここで観られているのは条件を絵の中からすぐ見つけられるかどうかです。条件を見ながら線を引いて、記号を辿っていくという解答方法もありますが、線を引いた解答と引かずに解答した場合だと、後者の方が評価はよいでしょう。ですから、線は引かずに頭の中で条件を理解して解いていくということを心がけてください。同じ問題でも違う条件にしてみる、という工夫をするだけでも充分に頭の中で条件を理解することができるようにあなります。

【おすすめ問題集】

Ｊｒ・ウォッチャー６「系列」、７「迷路」、47「座標の移動」

問題37　分野：お話の記憶

〈準備〉　鉛筆

〈問題〉　これからお話をします。よく聞いて後の質問に答えてください。

はるかさんが川の近くに座っていると、隣に座っているアリのかおるさんに「あなたはどこから来たの？」と声をかけられました。「遠くの方です、白い綿毛を身に付けて来ました」とはるかさんが言ったので、かおるさんは、はるかさんをじっくり見ましたが、綿毛は付いていません。「その白い綿毛はどうしたんですか？」と尋ねると、「今は付けてません、ほら今はきれいな黄色の花があるでしょ、これでも最初は緑色のつぼみだったんです」と言いました。さらにはるかさんは「でもまた綿毛を身に付けて飛ぼうと思ってるんですけどね」と続けて言いました。「あなたは飛ぶんですか？」とかおるさんが聞くと、はるかさんは大きくうなずきました。「でも飛行機みたいに、はやく飛べません。ゆっくりと風に身をまかせて、違うところへ飛んでいくのです」これを聞いたかおるさんは素敵だなと思いましたが、はるかさんはそう思っていませんでした。１度は自分の好きなところへ飛んでいきたいと思っているのです。「でも風まかせにさまざまなところへ行くのもなかなか素敵ですよ」とかおるさんが言うので、はるかさんはそうなのかもしれないなと思いました。「今までたくさん飛んでいって１番素敵だったのはどんなところでしたか」とかおるさんは聞きました。はるかさんはじっくり考えてから「大きな風車が見えるところはとても素敵でした」「とても素敵そうですね、わたしもいつか行けたらいいな」とかおるさんが言うので、「今度いっしょに行きましょうよ」とはるかさんが言いました。しかし、「わたしには巣があるから」とかおるさんは答えました。「こっそり抜け出していきましょうよ。わたしがまた白い綿毛を身に付けた時、わたしに乗っていけばいいわ」とはるかさんが言うので、かおるさんはいっしょに旅をする約束をはるかさんとしました。

（問題37の絵を渡す）

①１番上の段を見てください。はるかさんは何の花ですか。○をつけてください。

②上から２番目の段を見てください。かおるさんは何の虫ですか。○をつけてください。

③上から３番目の段を見てください。はるかさんが今まで旅をして、１番素敵だった場所は何が見えるところですか。○をつけてください。

④上から４番目の段を見てください。はるかさんとかおるさんが今いる場所はどこですか。○をつけてください。

〈時間〉　各30秒

〈解答〉　①右から２番目（タンポポ）　②左端（アリ）　③左端（風車）
④右端（川）

［2020年度出題］

学習のポイント

お話の長さは例年通りですが、主人公が一体何なのかわからないまま、お話が続きます。そこを意識しすぎないようにしてください。このような主人公の正体がわからないままお話が続く場合は、設問で主人公は何ですか、と出題されることがほとんどです。ですから、お話の中の主人公の正体を考えることに固執せず、随所にあるヒントをしっかり聞きながら、お話の全体も聞くようにしましょう。その際にイメージしながら聞くということが大切です。この問題の場合、はるかさんは黄色い花を咲かせ、白い綿毛でさまざまなところへ旅をすると言っていることから、人間ではないということが想像できますが、イメージしながらお話を聞けていないと、お話そのものの理解ができなくなってしまいます。ですから、日頃の読み聞かせの後に、お子さまに「○○はどんな格好をしているのかな？」というような質問をするとお子さまは頭の中で想像します。こういう読み聞かせを繰り返し行っていけば、自然とお子さまがお話をイメージすることができるようになります。

【おすすめ問題集】

1話5分の読み聞かせお話集①・②、お話の記憶問題集 初級編・中級編・上級編

問題38　分野：運動

〈準備〉　①ボール
②フラフープ（８～10個）
③平均台
④なし
⑤音楽再生機器、笛

〈問題〉　**この問題の絵はありません。**
これからさまざまな運動をしてもらいます。先生のお手本をよく見てその通りにしてください。※５人グループで一斉に実施します。

①ボールを上に投げる
ボールを頭の上へ投げてください。投げている間に手を叩いてキャッチしてください。

②ケンパー
床に書いてある○に合わせてケンパーをしてください。

③平均台
平均台を渡ってください。

④先生のポーズをまねする
今から、先生が行うポーズをまねしてください。
※カニ、クマ、カエルなどを行う。

⑤スキップ
音楽に合わせてリズムよくスキップをしてください。笛の合図でやめてください。

〈時間〉　適宜

〈解答〉　省略

［2020年度出題］

学習のポイント

当校の運動テストは例年大きな変化はありません。それぞれの課題は、年齢相応の運動能力があれば、それほど難しいものではないでしょう。評価の仕方は１つひとつの運動にそれぞれ「できる」「できない」というチェックがされるようです。とはいえ、運動能力だけでなく、待機中の様子や取り組む態度・姿勢も評価の対象です。説明会では、「表情よく、活き活きと取り組むこと」という説明をされることからもそのことがうかがえます。つまり、たとえ課題ができなかったとしても、あきらめずに意欲的に取り組む姿勢を見せることで評価が得られます。

【おすすめ問題集】
Ｊｒ・ウォッチャー28「運動」、新 運動テスト問題集

問題39　分野：口頭試問

〈準 備〉　なし

〈問 題〉　①口頭試問（受験者１名・面接官１名）
・お名前を教えてください。
（問題39-１の絵を見せて）
・この絵を見て、どんなことを思いますか。
・この中で自分の体験したことはありますか。その時、どう思いましたか。

②口頭試問（受験者５名程度・面接官１名）
（問題39-２の絵を見せて）
どんな場面の絵か、絵を見てどんなことを思ったか、みんなにお話してください。手を挙げて、私がさした人から発表してください。

〈時 間〉　適宜

〈解 答〉　省略

［2020年度出題］

学習のポイント

当校の口頭試問は先生と１対１の形式とお友だちと集団で行う形式の２種類があります。①の課題は前者の形式で行われました。ここで観られているのは、自分の言葉できちんと考えを伝えられるかどうかです。というのも、②のような集団で行うものの場合だと、お子さまの性格によっては、お友だちの意見を尊重するために、自分の意見を言わずに課題をこなすことがありますが、この形式だとそれが通用しません。また、ここでうまく伝えることができなかったら、②の課題でも、単純に自分の意見を言えない子どもという評価を受けてしまうでしょうから、きちんと自分の言葉で答えられるようにしておきましょう。日常生活の中で、お子さまが「○○したい」ということを言ってきたら、その都度、保護者の方は理由を聞くようにしましょう。そうすることでお子さまは、人に伝えるためにはどうすればよいのか考えるようになります。

【おすすめ問題集】
面接テスト問題集、新 口頭試問・個別テスト問題集

問題40　分野：行動観察（巧緻性）

〈準 備〉　ビニールシート、靴下（適宜）、紙コップ（20個程度）、
弁当箱（５個）、風呂敷（弁当箱を包んでおく）
志願者に靴と靴下をあらかじめ履かせておき、風呂敷に包まれた弁当箱を持たせる。

〈問 題〉　**この問題の絵はありません。**
※この課題は５名程度のグループで行う。
①シートの上でみんなでお弁当を食べましょう。食べ終えたら、片付けてください。
②紙コップで高いタワーを作りましょう。

〈時 間〉　適宜

〈解 答〉　省略

［2020年度出題］

学習のポイント

この行動観察の課題で観られているのは、日常生活のさまざまなことをお子さま自身でできているかどうかとお友だちとの協調性です。①の場合は、靴を脱ぐ時にきちんと揃えることができるか、風呂敷の結び目を解いたり、また結び直すことができるか、食べる（ふり）時にきちんと「いただきます」を言えるか、といったところを観られています。②の場合は、紙カップを高く積んでいく時に、集団できちんと話し合えるかということを観ています。積極的に自分の意見を主張できることはもちろん大切ですが、お友だちの意見を聞かずに自分の意見を通したり、反対に意見が通らなかったりして不機嫌になるなどの行為は好ましくありません。また、人見知りのお子さまは無理に意見を言おうとする必要はありません。お友だちの意見を受け入れるということも大切だからです。

【おすすめ問題集】
Ｊｒ・ウォッチャー29「行動観察」

☆帝塚山小学校

問題３３

☆帝塚山小学校

問題３４

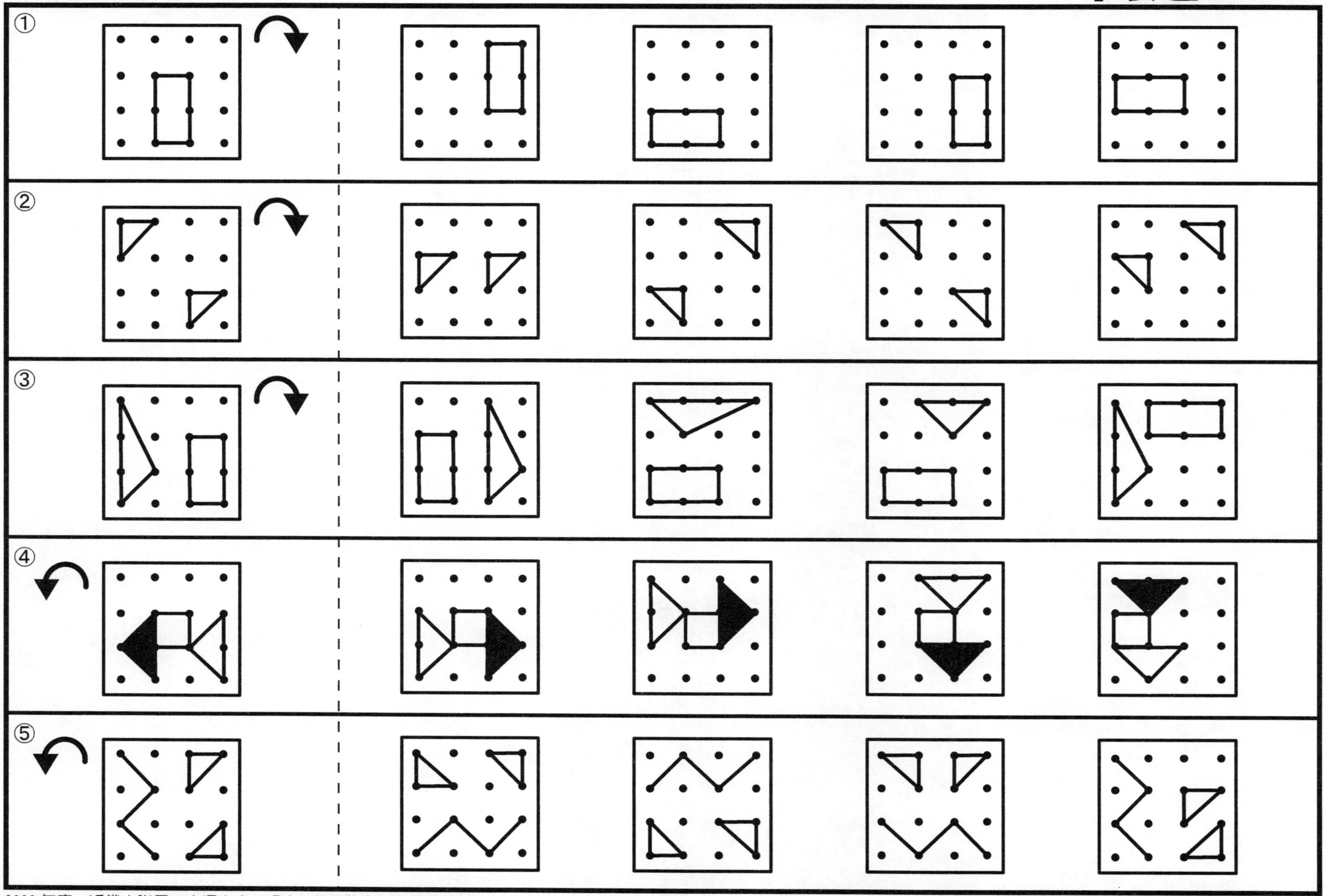

☆帝塚山小学校

2022 年度　近畿大附属・帝塚山小　過去　無断複製／転載を禁ずる　　　　　日本学習図書株式会社

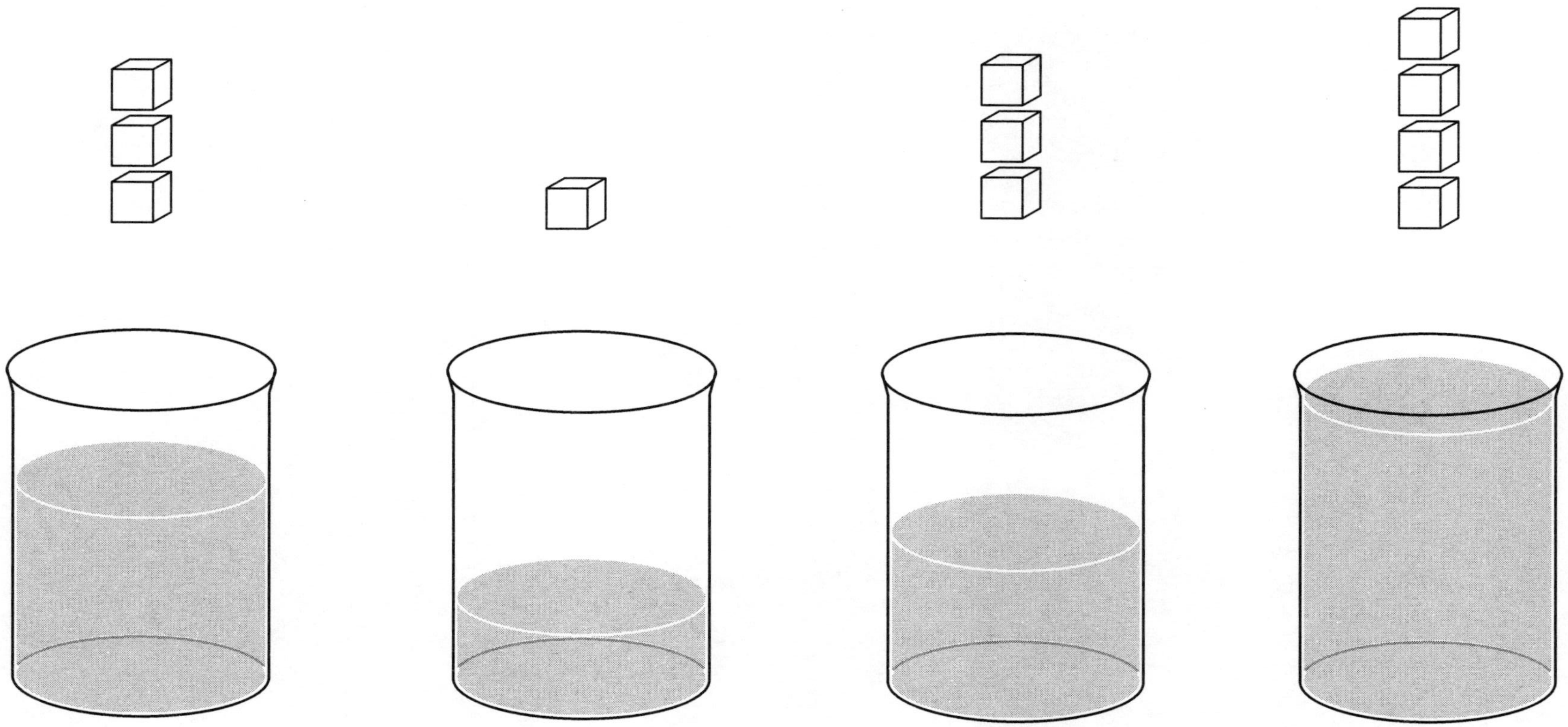

問題３６

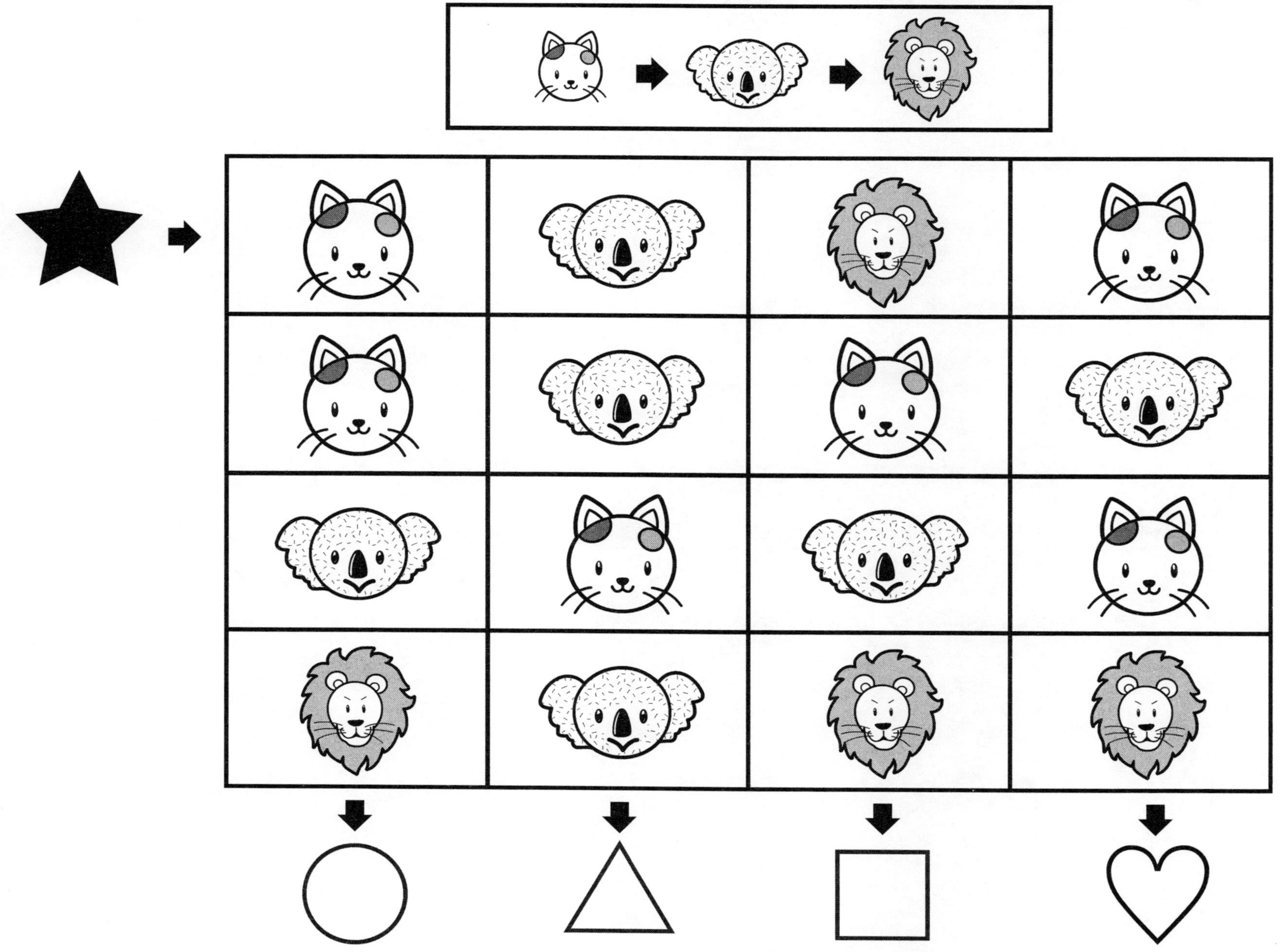

☆帝塚山小学校

問題３７

①

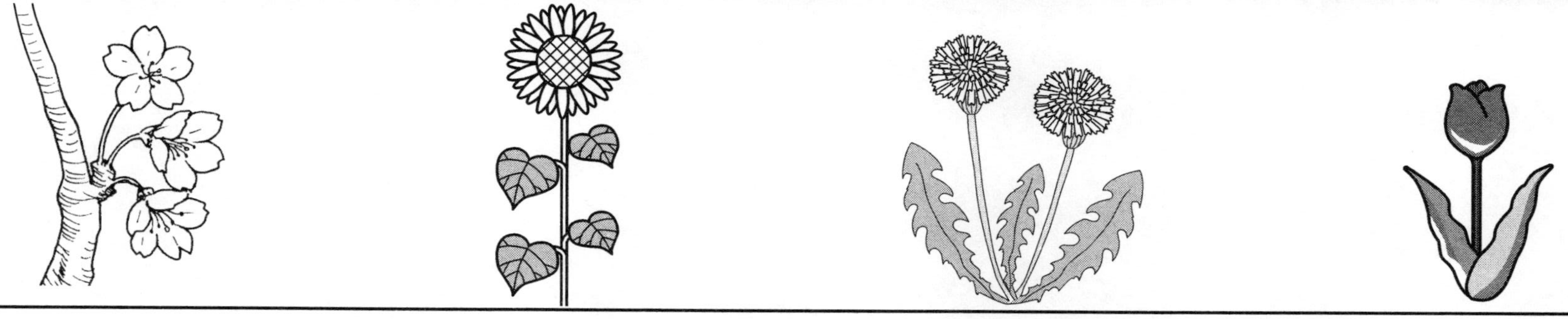

②

③

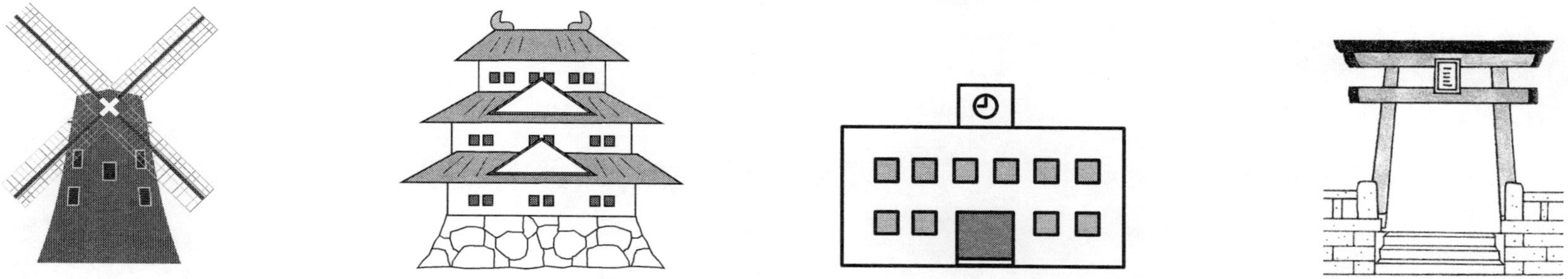

④

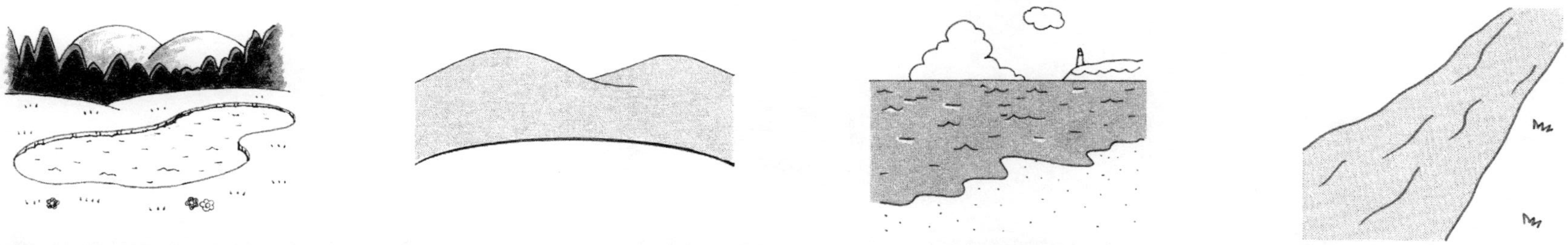

☆帝塚山小学校

2022年度　近畿大附属・帝塚山小　過去　無断複製／転載を禁ずる　　日本学習図書株式会社

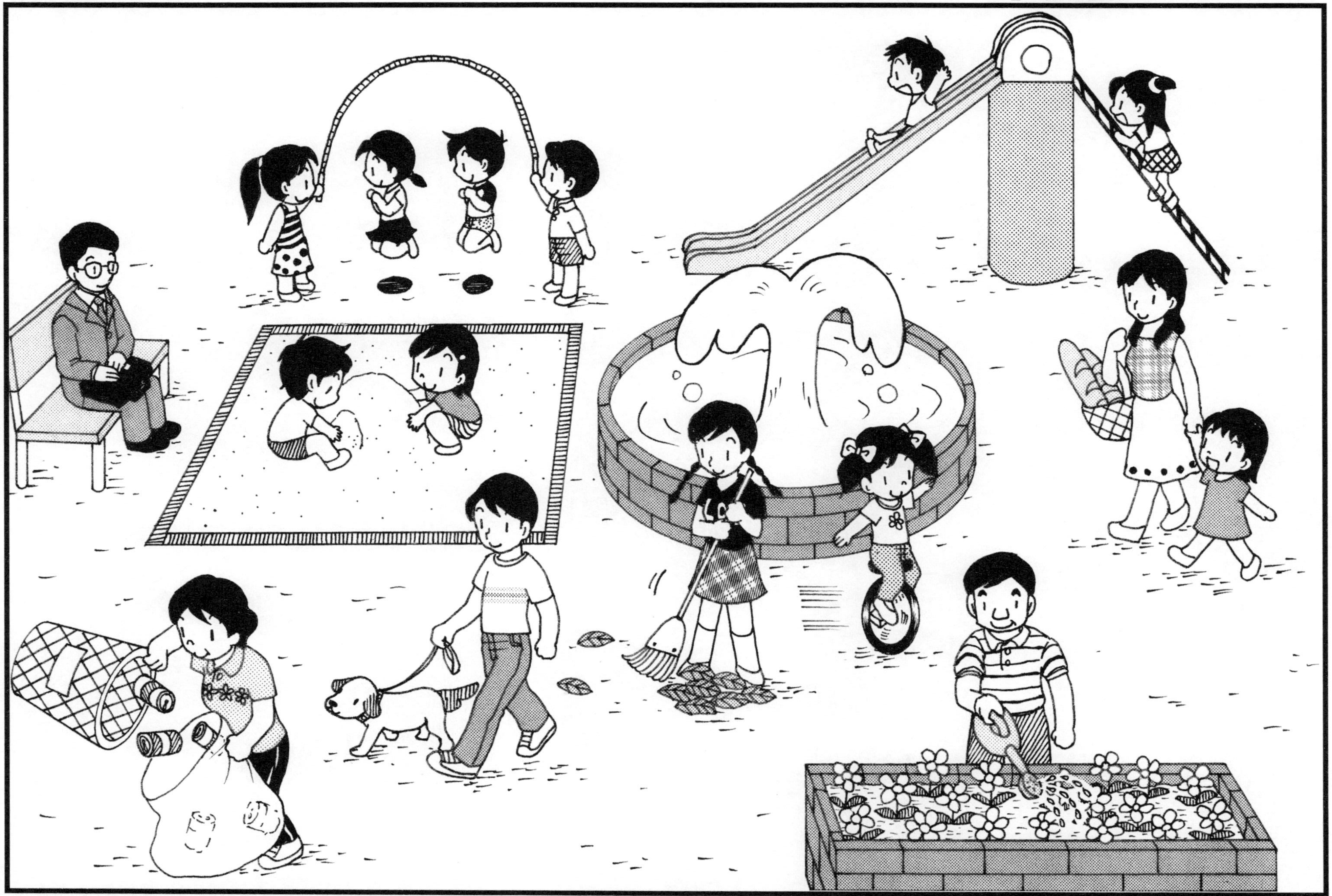

問題３９－２

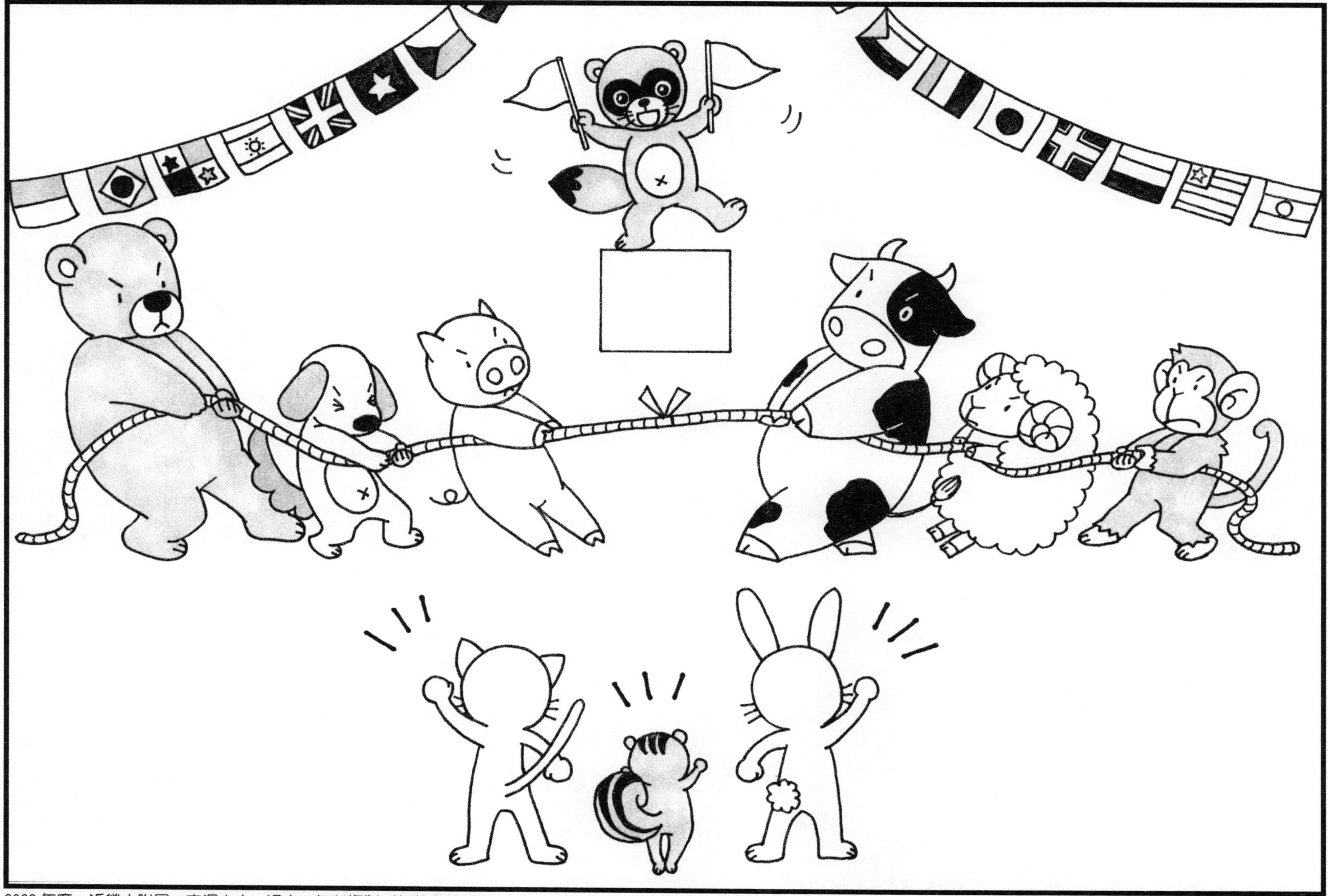

帝塚山小学校　専用注文書

年　　月　　日

合格のための問題集ベスト・セレクション

＊入試頻出分野ベスト３

1st　図　形　思考力　観察力

2nd　お話の記憶　集中力　聞く力

3rd　言　語　知　識　語　彙

説明会でその年の入試の出題傾向が説明され、そのままその傾向の問題が出題されています。その情報をもとに対策をしておいた方がよいでしょう。しかし、図形と推理の分野に限っては、さまざまなパターンで幅広く出題されます。事前の情報はあっても、油断することなく取り組んでおきましょう。

分野	書　名	価格(税込)	注文	分野	書　名	価格(税込)	注文
図形	Ｊｒ．ウォッチャー４「同図形探し」	1,650 円	冊	言語	Ｊｒ．ウォッチャー49「しりとり」	1,650 円	冊
推理	Ｊｒ．ウォッチャー６「系列」	1,650 円	冊	図形	Ｊｒ．ウォッチャー54「図形の構成」	1,650 円	冊
図形	Ｊｒ．ウォッチャー９「合成」	1,650 円	冊	常識	Ｊｒ．ウォッチャー55「理科②」	1,650 円	冊
推理	Ｊｒ．ウォッチャー15「比較」	1,650 円	冊	推理	Ｊｒ．ウォッチャー58「比較②」	1,650 円	冊
言語	Ｊｒ．ウォッチャー17「言葉の音遊び」	1,650 円	冊	言語	Ｊｒ．ウォッチャー60「言葉の音（おん）」	1,650 円	冊
記憶	Ｊｒ．ウォッチャー19「お話の記憶」	1,650 円	冊		お話の記憶　中級編	2,200 円	冊
常識	Ｊｒ．ウォッチャー27「理科」	1,650 円	冊		１話５分の読み聞かせお話集①②	1,980 円	各　冊
観察	Ｊｒ．ウォッチャー29「行動観察」	1,650 円	冊		新 個別テスト・口頭試問問題集	2,750 円	冊
推理	Ｊｒ．ウォッチャー32「ブラックボックス」	1,650 円	冊		新 運動テスト問題集	2,420 円	冊
推理	Ｊｒ．ウォッチャー33「シーソー」	1,650 円	冊		新 小学校受験の入試面接Ｑ＆Ａ	2,860 円	冊
数量	Ｊｒ．ウォッチャー41「数の構成」	1,650 円	冊		新 願書・アンケート文例集 500	2,860 円	冊
図形	Ｊｒ．ウォッチャー46「回転図形」	1,650 円	冊		面接最強マニュアル	2,200 円	冊
推理	Ｊｒ．ウォッチャー47「座標の移動」	1,650 円	冊				
図形	Ｊｒ．ウォッチャー48「鏡図形」	1,650 円	冊				

合計	冊	円

（フリガナ） 氏　名	電　話 ＦＡＸ E-mail
住 所　〒　　　　－	以前にご注文されたことはございますか。 有　・　無

★お近くの書店、または記載の電話・FAX・ホームページにてご注文をお受けしております。
電話：03-5261-8951　FAX：03-5261-8953　代金は書籍合計金額＋送料がかかります。
※なお、落丁・乱丁以外の理由による商品の返品・交換には応じかねます。

★ご記入頂いた個人に関する情報は、当社にて厳重に管理致します。なお、ご購入の商品発送の他に、当社発行の書籍案内、書籍に関する調査に使用させて頂く場合がございますので、予めご了承ください。

日本学習図書株式会社
http://www.nichigaku.jp

分野別 小学入試練習帳 ジュニアウォッチャー

1．点・線図形	小学校入試で出題頻度の高い『点・線図形』の模写を、難易度の低いものから段階別に幅広く練習することができるように構成。
2．座標	図形の位置模写という作業を、難易度の低いものから段階別に練習できるように構成。
3．パズル	様々なパズルの問題を難易度の低いものから段階別に練習できるように構成。
4．同図形探し	小学校入試で出題頻度の高い、同図形選びの問題を繰り返し練習できるように構成。
5．回転・展開	図形などを回転、または展開したとき、形がどのように変化するかを学習し、理解を深められるように構成。
6．系列	数、図形などの様々な系列問題を、難易度の低いものから段階別に練習できるように構成。
7．迷路	迷路の問題を繰り返し練習できるように構成。
8．対称	対称に関する問題を４つのテーマに分類し、各テーマごとに問題を段階別に練習できるように構成。
9．合成	図形の合成に関する問題を、難易度の低いものから段階別に練習できるように構成。
10．四方からの観察	もの（立体）を様々な角度から見て、どのように見えるかを推理する問題を段階別に整理し、１つの形式で複数の問題を練習できるように構成。
11．いろいろな仲間	ものや動物、植物の共通点を見つけ、分類していく問題を中心に構成。
12．日常生活	日常生活における様々な問題を６つのテーマに分類し、各テーマごとに一つの問題形式で複数の問題を練習できるように構成。
13．時間の流れ	『時間』に着目し、様々なものごとは、時間が経過するとどのように変化するのかということを学習し、理解できるように構成。
14．数える	様々なものを『数える』ことから、数の多少の判定やかけ算、わり算の基礎までを練習できるように構成。
15．比較	比較に関する問題を５つのテーマ（数、高さ、長さ、量、重さ）に分類し、各テーマごとに問題を段階別に練習できるように構成。
16．積み木	数える対象を積み木に限定した問題集。
17．言葉の音遊び	言葉の音に関する問題を５つのテーマに分類し、各テーマごとに問題を段階別に練習できるように構成。
18．いろいろな言葉	表現力をより豊かにするいろいろな言葉として、擬態語や擬声語、同音異義語、反意語、数詞を取り上げた問題集。
19．お話の記憶	お話を聴いてその内容を記憶、理解し、設問に答える形式の問題集。
20．見る記憶・聴く記憶	「見て憶える」「聴いて憶える」という『記憶』分野に特化した問題集。
21．お話作り	いくつかの絵を元にしてお話を作る練習をして、想像力を養うことができるように構成。
22．想像画	描かれてある形や景色に好きな絵を描くことにより、想像力を養うことができるように構成。
23．切る・貼る・塗る	小学校入試で出題頻度の高い、はさみやのりなどを用いた巧緻性の問題を繰り返し練習できるように構成。
24・絵画	小学校入試で出題頻度の高い、お絵かきやぬり絵などクレヨンやクーピーペンを用いた巧緻性の問題を繰り返し練習できるように構成。
25．生活巧緻性	小学校入試で出題頻度の高い日常生活の様々な場面における巧緻性の問題集。
26．文字・数字	ひらがなの清音、濁音、拗音、拗長音、促音と１～20までの数字に焦点を絞り、練習できるように構成。
27．理科	小学校入試で出題頻度が高くなりつつある理科の問題を集めた問題集。
28．運動	出題頻度の高い運動問題を種目別に分けて構成。
29．行動観察	項目ごとに問題提起をし、「このような時はどうか、あるいはどう対処するのか」の観点から問いかける形式の問題集。
30．生活習慣	学校から家庭に提起された問題と思って、一問一問絵を見ながら話し合い、考える形式の問題集。
31．推理思考	数、量、言語、常識（含理科、一般）など、諸々のジャンルから問題を構成し、近年の小学校入試問題傾向に沿って構成。
32．ブラックボックス	箱や筒の中を通ると、どのようなお約束でどのように変化するかを推理・思考する問題集。
33．シーソー	重さの違うものをシーソーに乗せた時どちらに傾くのか、またどうすればシーソーは釣り合うのかを思考する基礎的な問題集。
34．季節	様々な行事や植物などを季節別に分類できるように知識をつける問題集。
35．重ね図形	小学校入試で頻繁に出題されている「図形を重ね合わせてできる形」についての問題を集めました。
36．同数発見	様々な物を数え「同じ数」を発見し、数の多少の判断や数の認識の基礎を学べるように構成した問題集。
37．選んで数える	数の学習の基本となる、いろいろなものの数を正しく数える学習を行う問題集。
38．たし算・ひき算１	数字を使わず、たし算とひき算の基礎を身につけるための問題集。
39．たし算・ひき算２	数字を使わず、たし算とひき算の基礎を身につけるための問題集。
40．数を分ける	数を等しく分ける問題です。等しく分けたときに余りが出るものもあります。
41．数の構成	ある数がどのような数で構成されているか学んでいきます。
42．一対多の対応	一対一の対応から、一対多の対応まで、かけ算の考え方の基礎学習を行います。
43．数のやりとり	あげたり、もらったり、数の変化をしっかりと学びます。
44．見えない数	指定された条件から数を導き出します。
45．図形分割	図形の分割に関する問題集。パズルや合成の分野にも通じる様々な問題を集めました。
46．回転図形	「回転図形」に関する問題集。やさしい問題から始め、いくつかの代表的なパターンから、段階を踏んで学習できるよう編集されています。
47．座標の移動	「マス目の指示通りに移動する問題」と「指示された数だけ移動する問題」を収録。
48．鏡図形	鏡で左右反転させた時の見え方を考えます。平面図形から立体図形、文字、絵まで。
49．しりとり	すべての学習の基礎となる「言葉」を学ぶこと、特に「語彙」を増やすことに重点をおき、さまざまなタイプの「しりとり」問題を集めました。
50．観覧車	観覧車やメリーゴーラウンドなどを舞台にした「回転系列」の問題集。「推理思考」分野の問題ですが、要素として「図形」や「数量」も含みます。
51．運筆①	鉛筆の持ち方を学び、点線なぞり、お手本を見ながらの模写で、線を引く練習をします。
52．運筆②	運筆①からさらに発展し、「欠所補完」や「迷路」などを楽しみながら、より複雑な鉛筆運びを習得することを目指します。
53．四方からの観察 積み木編	積み木を使用した「四方からの観察」に関する問題を練習できるように構成。
54．図形の構成	見本の図形がどのような部分によって形づくられているかを考えます。
55．理科②	理科的知識に関する問題を集中して練習する「常識」分野の問題集。
56．マナーとルール	道路や駅、公共の場でのマナー、安全や衛生に関する常識を学べるように構成。
57．置き換え	さまざまな具体的・抽象的事象を記号で表す「置き換え」の問題を扱います。
58．比較②	長さ・高さ・体積・数などを数学的な知識を使わず、論理的に推測する「比較」の問題を練習できるように構成。
59．欠所補完	線と線のつながり、欠けた絵に当てはまるものなどを求める「欠所補完」に取り組める問題集です。
60．言葉の音（おん）	しりとり、決まった順番の音をつなげるなど、「言葉の音」に関する問題に取り組める練習問題集です。

◆◆ニチガクのおすすめ問題集◆◆

より充実した家庭学習を目指し、ニチガクではさまざまな問題集をとりそろえております!!

サクセスウォッチャーズ（全18巻）

①～⑱
本体各￥2,200＋税

全9分野を「基礎必修編」「実力アップ編」の2巻でカバーした、合計18冊。

各巻80問と豊富な問題数に加え、他の問題集では掲載していない詳しいアドバイスが、お子さまを指導する際に役立ちます。

各ページが、すぐに使えるミシン目付き。本番を意識したドリルワークが可能です。

ジュニアウォッチャー（既刊60巻）

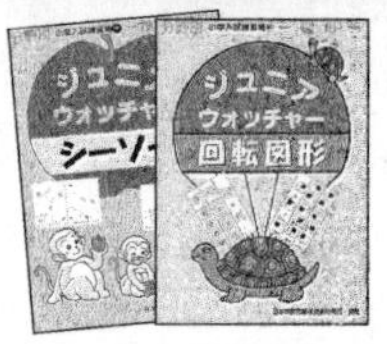

①～⑥⓪　(以下続刊)
本体各￥1,500＋税

入試出題頻度の高い9分野を、さらに60の項目にまで細分化。基礎学習に最適のシリーズ。

苦手分野におけるつまずきを、効率よく克服するための60冊です。

ポイントが絞られているため、無駄なく高い効果を得られます。

国立・私立NEWウォッチャーズ

言語／理科／図形／記憶
常識／数量／推理
本体各￥2,000＋税

シリーズ累計発行部数40万部以上を誇る大ベストセラー「ウォッチャーズシリーズ」の趣旨を引き継ぐ新シリーズ!!

実際に出題された過去問の「類題」を32問掲載。全問に「解答のポイント」付きだから家庭学習に最適です。「ミシン目」付き切り離し可能なプリント学習タイプ！

実践 ゆびさきトレーニング①・②・③

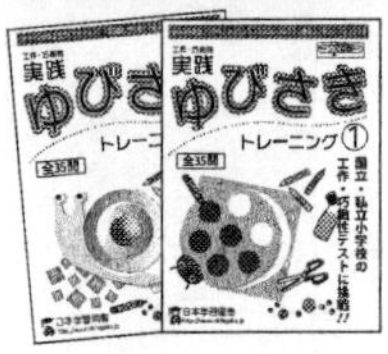

本体各￥2,500＋税

制作問題に特化した一冊。有名校が実際に出題した類似問題を35問掲載。

様々な道具の扱い（はさみ・のり・セロハンテープの使い方）から、手先・指先の訓練（ちぎる・貼る・塗る・切る・結ぶ）、また、表現することの楽しさも経験できる問題集です。

お話の記憶・読み聞かせ

［お話の記憶問題集］
中級／上級編
本体各￥2,000＋税

初級／過去類似編／ベスト30
本体各￥2,600＋税

1話5分の読み聞かせお話集①・②、入試実践編①
本体各￥1,800＋税

あらゆる学習に不可欠な、語彙力・集中力・記憶力・理解力・想像力を養うと言われているのが「お話の記憶」分野の問題。問題集は全問アドバイス付き。

分野別 苦手克服シリーズ（全6巻）

図形／数量／言語／
常識／記憶／推理
本体各￥2,000＋税

数量・図形・言語・常識・記憶の6分野。アンケートに基づいて、多くのお子さまがつまづきやすい苦手問題を、それぞれ40問掲載しました。

全問アドバイス付きですので、ご家庭において、そのつまづきを解消するためのプロセスも理解できます。

運動テスト・ノンペーパーテスト問題集

新 運動テスト問題集
本体￥2,200＋税

新 ノンペーパーテスト問題集
本体￥2,600＋税

ノンペーパーテストは国立・私立小学校で幅広く出題される、筆記用具を使用しない分野の問題を全40問掲載。

運動テスト問題集は運動分野に特化した問題集です。指示の理解や、ルールを守る訓練など、ポイントを押さえた学習に最適。全35問掲載。

口頭試問・面接テスト問題集

新 口頭試問・個別テスト問題集
本体￥2,500＋税

面接テスト問題集
本体￥2,000＋税

口頭試問は、主に個別テストとして口頭で出題解答を行うテスト形式。面接は、主に「考え」やふだんの「あり方」をたずねられるものです。

口頭で答える点は同じですが、内容は大きく異なります。想定する質問内容や答え方の幅を広げるために、どちらも手にとっていただきたい問題集です。

小学校受験 厳選難問集 ①・②

本体各￥2,600＋税

実際に出題された入試問題の中から、難易度の高い問題をピックアップし、アレンジした問題集。応用問題への挑戦は、基礎の理解度を測るだけでなく、お子さまの達成感・知的好奇心を触発します。

①は数量・図形・推理・言語、②は位置・常識・比較・記憶分野の難問を掲載。それぞれ40問。

国立小学校　対策問題集

国立小学校入試問題A・B・C（全3巻）本体各￥3,282＋税

新 国立小学校直前集中講座
本体￥3,000＋税

国立小学校頻出の問題を厳選。細かな指導方法やアドバイスが掲載してあり、効率的な学習が進められます。「総集編」は難易度別にA～Cの3冊。付録のレーダーチャートにより得意・不得意を認識でき、国立小学校受験対策に最適です。入試直前の対策には「新 直前集中講座」！

おうちでチャレンジ ①・②

本体各￥1,800＋税

関西最大級の模擬試験である小学校受験標準テストのペーパー問題を編集した実力養成に最適な問題集。延べ受験者数10,000人以上のデータを分析しお子さまの習熟度・到達度を一目で判別。

保護者必読の特別アドバイス収録！

Q&Aシリーズ

『小学校受験で知っておくべき125のこと』
『小学校受験に関する保護者の悩みQ＆A』
『新 小学校受験の入試面接Q＆A』
『新 小学校受験 願書・アンケート文例集500』
本体各￥2,600＋税
『小学校受験のための
願書の書き方から面接まで』
本体￥2,500＋税

「知りたい！」「聞きたい！」「こんな時どうすれば…？」そんな疑問や悩みにお答えする、オススメの人気シリーズです。

書籍についてのご注文・お問い合わせ
☎ 03-5261-8951

http://www.nichigaku.jp
※ご注文方法、書籍についての詳細は、Webサイトをご覧ください。

日本学習図書　検索

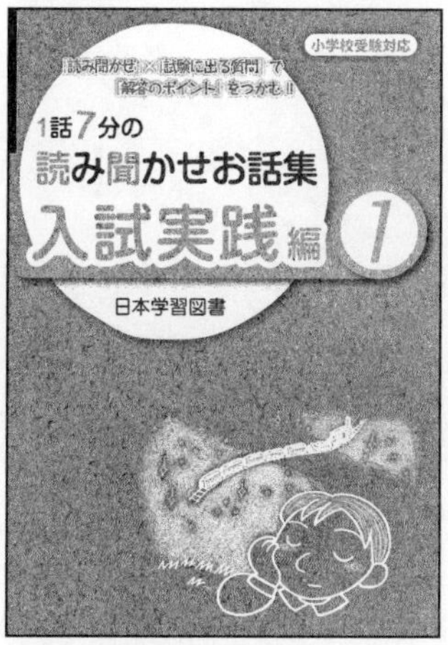

『読み聞かせ』×『質問』＝『聞く力』

お話の記憶の練習に最適

1話5分の 読み聞かせお話集①②

「アラビアン・ナイト」「アンデルセン童話」「イソップ寓話」「グリム童話」、日本や各国の民話、昔話、偉人伝の中から、教育的な物語や、過去に小学校入試でも出題された有名なお話を中心に掲載。お話ごとに、内容に関連したお子さまへの質問も掲載しています。「読み聞かせ」を通して、お子さまの『聞く力』を伸ばすことを目指します。　①巻・②巻　各48話

国立・私立小学校受験対応

1話7分の読み聞かせお話集 入試実践編①

最長1,700文字の長文のお話を掲載。有名でない＝「聞いたことのない」お話を聞くことで、『集中力』のアップを目指します。設問も、実際の試験を意識した設問としています。ペーパーテスト実施校の多くが「お話の記憶」の問題を出題します。毎日の「読み聞かせ」と「試験に出る質問」で、「解答のポイント」をつかんで臨みましょう！　50話収録

ニチガクの この5冊で受験準備も万全！

小学校受験入門 願書の書き方から面接まで リニューアル版

主要私立・国立小学校の願書・面接内容を中心に、学校選びや入試の分野傾向、服装コーディネート、持ち物リストなども網羅し、受験準備全体をサポートします。

小学校受験で 知っておくべき 125のこと

小学校受験の基本から怪しい「ウワサ」まで、保護者の方々からの125の質問にていねいに解答。目からウロコのお受験本。

新　小学校受験の 入試面接Q＆A リニューアル版

過去十数年に遡り、面接での質問内容を網羅。小学校別、父親・母親・志願者別、さらに学校のこと・志望動機・お子さまについてなど分野ごとに模範解答例やアドバイスを掲載。

新　願書・アンケート 文例集500 リニューアル版

有名私立小、難関国立小の願書やアンケートに記入するための適切な文例を、質問の項目別に収録。合格を掴むためのヒントが満載！願書を書く前に、ぜひ一度お読みください。

小学校受験に関する 保護者の悩みQ＆A

保護者の方約1,000人に、学習・生活・躾に関する悩みや問題を取材。その中から厳選した200例以上の悩みに、「ふだんの生活」と「入試直前」のアドバイス2本立てで悩みを解決。

日本学習図書株式会社

家庭学習をトータルサポート！ ニチガクのオリジナル 効果的 学習法

1 まずは アドバイスページを読む！

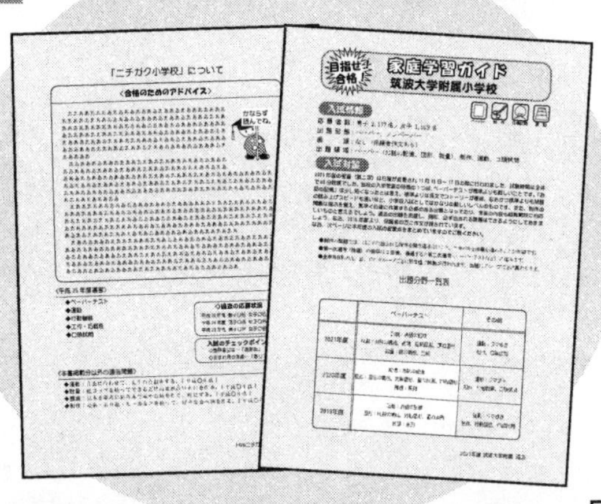

ピンク色です

対策や試験ポイントがぎっしりつまった「家庭学習ガイド」。分野アイコンで、試験の傾向をおさえよう！

2 問題をすべて読み、出題傾向を把握する

3 「学習のポイント」で学校側の観点や問題の解説を熟読

4 はじめて過去問題にチャレンジ！

5 プラスα 対策問題集や類題で力を付ける

過去問のこだわり

最新問題は問題ページ、イラストページ、解答・解説ページが独立しており、お子さまにすぐに取り掛かっていただける作りになっています。
ニチガクの学校別問題集ならではの、学習法を含めたアドバイスを利用して効率のよい家庭学習を進めてください。

各問題のジャンル

問題7 分野：図形（図形の構成） Aグループ男子

〈解 答〉 下図参照

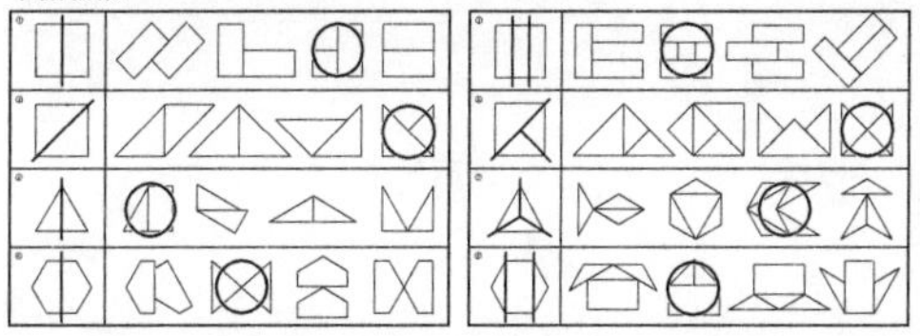

図形の構成の問題です。解答時間が圧倒的に短いので、直感的に答えないと全問答えることはできないでしょう。例年ほど難しい問題ではないので、ある程度準備をしたお子さまなら可能のはずです。注意すべきなのはケアレスミスで、「できないものはどれですか」と聞かれているのに、できるものに○をしたりしてはおしまいです。こういった問題では基礎とも言える問題なので、もしわからなかった場合は基礎問題を分野別の問題集などでおさらいしておきましょう。

【おすすめ問題集】
★筑波大附属小学校図形攻略問題集①②★（書店では販売しておりません）
Jr・ウォッチャー9「合成」、54「図形の構成」

学習のポイント

各問題の解説や学校の観点、指導のポイントなどを教えます。
今日から保護者の方が家庭学習の先生に！

おすすめ対策問題集

分野ごとに対策問題集をご紹介。苦手分野の克服に最適です！
＊専用注文書付き。

2022年度版
近畿大学附属小学校・帝塚山小学校
過去問題集

発行日 2021年7月2日
発行所 〒162-0821 東京都新宿区津久戸町 3-11-9F
日本学習図書株式会社
電 話 03-5261-8951 ㈹

詳細は http://www.nichigaku.jp 日本学習図書 検索